JN106776

Bibliotherapy

心と体がラクになる
読書セラピー

日本読書療法学会会長　寺田真理子

Discover
ディスカヴァー

はじめに――読書セラピーへの招待状

人はどうして本を読むのでしょう？

いきなり壮大な問いかけになってしまいましたが、ちょっと考えてみてくださいね。

たとえば、あなたは普段何のために本を読んでいますか。娯楽や気分転換？それとも自己研鑽でしょうか。

1冊でも多く読んで、知識を得て、スキルアップする。そのための読書も素晴らしいですが、それだけではもったいないとも思うのです。本にはすごい力があって、読書には、もっと多くのことができるのですから。

たとえば、2009年にイギリスのサセックス大学で行われた調査によると、音楽鑑賞や散歩、お茶やコーヒーを飲む、ビデオゲームで遊ぶといったさまざまなリラックス法のうち、**もっとも効果的な方法が読書であることがわかりました。ストレスレベルを68パーセントも引き下げたのです。**

睡眠の専門家の多くが、寝る時間だという合図を体に送るために、ストレス解消に効果のある就寝前の日課をすすめていますが、読書はまさにうってつけでしょう。メイヨー・クリニックによれば、**紙の本を読むことで気持ちが切り替えやすくなる**といいます。

アメリカ、イェール大学の研究チームが12年間にわたって行った調査では、**読書をする人は、読書をしない人に比べて2年も長生きする**ということがわかっています。

また、イタリアの小学生、高校生とイギリスの大学生を対象にした調査では、『ハリー・ポッター』シリーズ（J．K．ローリング 著／松岡佑子 訳／静山社）を読むことで、移民や同性愛者、難民など、偏見を持たれがちな人々に対する若者の見方が大いに改善されたことがわかりました。

ストレスを軽減し、寝つきをよくし、長生きさせてくれるうえに、共感力まで高めてくれる。そんな研究結果が出ているのです。健康寿命を延ばすためには読書がもっとも効果的だというAIの分析まであるほどです。

読書の大きな可能性を感じていただけるのではないでしょうか。

私が本を読むのは、そんな読書セラピーの効果を実感しているからです。

「読書セラピー？　聞いたことがないなあ」と思われるかもしれませんね。

では、あなたは本を読んでなんだかホッとしたり、気持ちが軽くなったりした経験はありませんか。子どもの頃には、お気に入りの絵本を何度も読んでいたかもしれません。学生時代にはマンガの主人公の挑戦に勇気をもらって、学校生活や部活をがんばれたかもしれません。人づきあいに悩んだときに、コミュニケーションの本を読んでヒントをもらったかもしれません。散らかった部屋を何とかしたくて、片づけ本にコツを教わったかもしれません。思うような仕事ができずに嫌気がさしていたときに、自己啓発書を読んでやる気が出たかもしれません。起業家の自伝に書かれた奮闘ぶりに感激して「こんな生き方をしたい」と憧れ、人生が変わったかもしれません。

日常的なことから人生に大きな影響を及ぼすことまで、読書セラピーをあなたはすでに体験しているはずです。

読書セラピーの効果は、古代ギリシャの時代からすでに認識されていました。図書館のドアに「魂の癒しの場所」と記されていたほどです。17世紀の医師シデンハムも、「良好ナル書ハ百ノ医薬ニ勝ル」と述べています。日本でも吉田松陰が当時最先端の取り組みとして読書セラピーを導入し、それに連なる実践の歴史があります。

現在、イギリスでは国として本を処方する取り組みまでありますし、新型コロナワクチンの迅速な接種で注目を浴びたイスラエルでは、読書セラピストが国家資格になっています。

日々のさまざまな悩みごとだけでなく、認知症やうつ病、腰痛治療など、読書

セラピーはその適用範囲を拡大し続けているのです。

コロナ禍にあって、多くの方が不安を抱えて生きるようになりました。さらに、自分の人生において何が本当に大切なのかという、本質的な問題に向き合うことが切となりました。そんな時代だからこそ、読書セラピーが今、必要とされています。

不安に揺れる心を整えてくれるだけでなく、本質的な問題に向き合う力を与えてくれる読書セラピーを、あなたも活用してみませんか。

本書であなたが読書セラピーと出逢い、生きるうえでの支えにしてくれたら、こんなにうれしいことはありません。読書セラピーがあなたの人生を応援してくれることを心から願っています。

寺田真理子

心と体がラクになる読書セラピー　もくじ

第4章 読書セラピーでできること

第5章　もっと読書セラピーを知りたいあなたへ

第2部　読書セラピー《実践編》

第8章

こんなときには、こんな本！おすすめ本ブックガイド

プロローグ――本が私を助けてくれた

私は、読書セラピーのおかげで、うつ病から回復することができました。その経験から、日本読書療法学会*を設立し、読書セラピーの研究と実践を続けてきました。ここでは、読書セラピーとの出逢いについて少しお話しさせてください。

私は子どもの頃、メキシコで育ちました。

「幼少期を海外で過ごした」とか「帰国子女」というと憧れを持たれる方もいますが、帰国後に日本に適応するのが大変なのです。小学校入学直前に帰国したものの、日本語がわからず、生活習慣も理解できませんでした。たとえば家に上がるのに靴を脱ぐのは、日本では常識ですよね。でも物心ついてからずっと室内でも土足だったので、「どうして家で靴を脱ぐの？」とカルチャーショックでした。

* 日本読書療法学会：2011年に設立。詳しくはホームページを参照。http://www.bibliotherapy.jp/jpn_aboutus.html

何もかも戸惑うことばかりです。

　団体行動にもなじめませんでした。メキシコの幼稚園では、子どもたちの目の色も髪の色、肌の色もさまざまでした。「みんな違ってみんないい」という金子みすゞさんの詩を地でいく環境だったのです。それが日本では、みんな目も髪も真っ黒。しかも、一斉に行動するのです。

　入学式のときに「起立、気をつけ、礼」の号令で一斉に立ち上がっておじぎをするのを見たときには、「ここは軍隊？　入隊させられちゃったの⁉」と衝撃を受けました。

　そんな調子でしたので、周りになじめず学校でいじめられるようになりました。大人数で囲まれて蹴られたり、待ち伏せされて追いかけられたり、傘で殴られたり。

「どうすればいじめられないんだろう？」と考え抜いた私がたどり着いたのは、「気の強い女の子の真似をすること」でした。当時はもちろん知りませんでしたが、心理学でいうモデリングですね。３年生でのクラス替えを機に、実際にやってみたところ、ようやく学校生活を楽しめるようになったのです。しかし、それ

もつかの間、またしても海外に行くことになります。うららかな春の日、洗濯物を畳む母の手伝いをしていたら、

「今度はコロンビアに行くことになったの」

と言われました。

「え？　また行くの⁉」

せっかく苦労の末に平穏な日々を手に入れたのに……人生って儚《はかな》い……小学生にして、心はすでに老境です。そして思いました。

「コロンビアって、どこ……？」


日本にいると、コロンビアは遠い国です。連想するのはコーヒーやサッカー（あるいは麻薬？）くらいでしょうか。だけど実際に住んだ身としては、コロンビアといえばゲリラです。

とにかく治安が悪いのです。当時住んでいた社宅には、鉄条網が張り巡らされていました。玄関には筒先の長い猟銃を構えたガードマン。自由に外出はできず、外に出るときは特殊訓練を受けた運転手の車を使います。

通っていた日本人学校がゲリラグループに脅迫されたこともありました。お金を要求され、支払わなければ生徒全員を撃ち殺すというのです。学校側がゲリラグループと交渉する間休校となり、再開後は警備がいっそう物々しくなっていました。

さらに、自宅を狙撃される事件もありました。帰宅したら、窓ガラスに蜘蛛の巣状の弾痕があり、椅子が倒れて脚が折れ、家具が散乱しているのです。床には大きな銃弾がごろり。この日に隣人が誘拐される事件があったので、当初は巻き添えになったのかと思いましたが、調査の結果、私たちがターゲットだったことがわかりました。

この事件があってから、窓ガラスを防弾ガラスに替えました。気持ちとしてはすべての部屋を防弾ガラスにしたいところですが、高価なのでそうはいきません。狙撃された部屋を含め特定の部屋だけを防弾ガラスにし、なるべくそこで過ごすようになりました。

そんな環境で過ごしていると、どうしても気分が沈んでいきます。自由に出歩けない不満のうえに、常に命の危険を感じる不安、厚い防弾ガラスのせいでいつも暗い風景。すると、考えるのは日本のことです。

「日本の子たちはいいなあ。なんの心配もなく学校に通えて、日本で暮らせて」

そんな思いが募っていきます。それと同時に、「どうして私ばっかりこんな目に遭わなきゃいけないんだろう」と理不尽に感じるようにもなりました。

実際には、もっと大変な経験をした子も学校にいました。コロンビアに来る前は戦争中の国にいて、窓の外では銃撃戦が行われていたそうです。その子と比べればまだ恵まれていましたが、「自分より大変な子もいるからがんばろう」とは、なかなかならないものです。どうしても自分より恵まれた人と比べてしまうのが人の性《さが》なのでしょうか。いつも日本の子たちと自分の境遇を比べていました。

とにかく早く安全な日本に帰りたいと思っていました。

海外赴任は、だいたい3年で帰国できます。だから、とにかく3年耐えしのぎさえすれば……と思っていたら、なんと今度は隣国のベネズエラに行くことになってしまいました。

中学入学直後にベネズエラに移ったのですが、連続赴任は滅多にないだけに、「どうして私ばっかり」という思考パターンがどんどん強まってしまいました。

さらに、中学生になったことで、将来への不安を覚えるようになります。いつ帰国できるかわからないため、中途半端な時期に帰国して学校の勉強についていけなかったらどうしよう、またいじめられたらどうしよう、と悩みは尽きません。治安もコロンビアよりはいいとはいえ、自由に出歩けない状況に変わりはありません。学校でも、スクールバスで「ゲリラ対策訓練」をしていたほどです。

精神的に不安定になり、夜中に起きて泣き叫んだりするようになりました。そして精神安定剤を服用するようになります。

私の精神状態に両親が配慮してくれて、日本にいた祖父母のもとで預かってもらうことになりました。中学3年のときのことです。

キリスト教系の学校だったこともあり、心配していたようないじめもなく、とても温かく迎えてもらうことができました。周りの子たちも優しい、いい子ばかり。だけど、どうしてもこう思ってしまうのです。

「この子たちがこんなに優しくていい子なのは、恵まれて育ったからでしょう?」
ゲリラに脅迫されたり狙撃されたりしたら、きっと性格だって歪んだはず――そんなふうに比較してしまいました。感謝しつつも、暗い思いがどこかにこびりついていたのです。

高校は帰国子女の多い学校を選びました。それならなじめると思ったのです。ところが入学してみると、帰国子女といっても、ほぼ英語圏ばかり。ほかにはフランスなどヨーロッパやシンガポールなどのアジア圏で、ラテンアメリカに滞在していたのはほんの数人しかいませんでした。帰国子女の多い学校自体が日本ではマイノリティなのに、その中でさらにマイノリティなのかと、自分の立ち位置にショックを受けてしまいました。

それに英語圏にいた子は受験でも有利ですが、9年もスペイン語圏にいた私は、全然つぶしが効きません。

こうなると、「どうして私ばっかりこんな目に遭わなきゃいけないいんだろう」

という思いから、「私ばっかり損をしている」という思いになっていきます。自分の人生がどんどんマイナスのほうに沈んでいっているように感じました。そこで私は思いました。

「そうだ、東大に行こう！　東大に入りさえすれば、何とかなる！」

「東大に行けば、人生が変わる」と謳《うた》った『ドラゴン桜』（三田紀房／講談社）というマンガがありますが、まさにその考えです。東大に合格すれば、人生を一発逆転できると思ったのです。そして勉強し、1年間浪人した後、東大合格を果たします。

「やった！　これで人生勝った！」

当初はそう思いました。物語だったら、これでめでたし、めでたしです。だけど実際の人生はそんなに簡単ではありません。1カ月もすると、どんどん落ち込みがひどくなってしまいました。

たしかに東大には入りました。学歴を手に入れました。だからといって、これまで抱えていた自分の人生への不満が消えたわけではなかったのです。

それまでは「東大に入りさえすればすべてうまくいく」と思っていたのに、そうではなかった。あんなにがんばって勉強したのに（目の下にできるはずのクマが、顎のあたりまでできていました。あの顔は自分で見ても怖かった！）、それでも幸せを感じることができない、その事実に落ち込んでしまったのです。

きっと心の奥ではわかっていたのだと思います。だけどそういう真実と向き合うのは怖いものです。それよりも「東大に入りさえすればうまくいく」と視野を狭くしてそこに集中してしまうほうが、本質的な問題と向き合わずにすむ分、精神的にはラクなのです。理想の楽園を追い求めるようなものです。

思い込みが真実ではなかったとわかり、がんばって入った東大も性に合いません。自分の性質や将来やりたいことを考えて選んでいないのですから、当たり前です。周りがほぼ全員官僚を目指していることすら、入学してから知って驚いたくらいです（いかに目先のことしか考えていなかったかがわかりますね……）。

そして精神安定剤への依存を深めていきました。服用しないと外に出られなくなってしまったのです。授業はきちんと出ていましたし、語学学校にも通うなど、傍目には充実しているように見えたと思いますが、実際には薬がないと自分を保てない状態でした。

そのうち、薬に依存している自分が怖くなり、大学卒業と同時に薬をやめました。やめたといっても精神状態が改善してやめたわけではないので、かなり不安定なまま、社会人として働き始めます。

国際会議コーディネーターを経て、通訳として働くようになりました。スペイン語ではなく、英語です。高校時代には英語圏の帰国子女に及びませんでしたが、英語は好きで大学時代に英検1級を取得するなど、勉強を続けていたのです。

外資系企業でＩＴ系の通訳をすることが多かったのですが、ランチから戻ったら机がなかったり、部署ごとなくなってしまっていたり、結構シビアな環境でした。「帰国子女」同様に「外資系企業」も憧れの対象になりますが、殺伐としていることも多いのです。

そういう環境は合わなかったものの、通訳の仕事は好きでしたので、会社は変わりながらも通訳は続けていました。語学が好きでしたし、仕事をしながらスキルを磨けることも魅力でした。でも何より、自分が通訳をすることでコミュニケーションが成立することがやりがいになっていたのです。

ところが、ある時期から、人をクビにしたり、左遷したりする通訳が増えていきました。企業買収の通訳もありました。コミュニケーションが成立するどころか、通訳として一生懸命に仕事をすればするほど、多くの方が仕事を失い、不幸になっていくのです。いったい私の仕事は何なんだろうという思いが募りました。

通訳業務自体も苛酷でした。通常、同時通訳の場合は2人から3人でチームを組んで、15分交替で順番に通訳します。ところが私は一人でほぼ休憩なしで8時間ほど同時通訳をすることがありました。50メートル走が専門なのに、そのスピードのままフルマラソンをさせられるようなものです。こんな日があると、その後1週間くらいは疲れがとれませんでした。

そのうち心身ともについていけなくなり、仕事を辞めたものの、起き上がることができなくなってしまいました。顔も洗わず着替えも入浴もせず、ただ眠り続けるだけの日々が続くことになりました。うつ病を患ってしまったのです。

世間の人は立派に働いているのに、私はなんてダメな人間なんだと自分を責めながらも起き上がることができない。このまま社会復帰できないのか……不安ばかりが募っていきます。せめてメールの返信くらいしようと思っても、パソコンを立ち上げるだけで具合が悪くなり、また寝込んで余計に自信を失う始末でした。

そんな状態の中、手に取ったのが本でした。

読もうと思って手に取ったというよりも、何かしなければという思いはずっと心の中にあるのに何もできず、八方塞がりの状況を変えるきっかけを求めて手を伸ばしたのです。

最初は文字も読めませんでした。処理能力が落ちてしまっていたので、読んでも理解できなかったのです。**だから負担のない写真集などを眺めることが多かったです。そこから少し文字のあるものを読むようになり、優しく励ましてくれるような言葉を頼りに、生活習慣を変えていくことから始めました。**働いていた頃と比べて何もできなくなった自分にショックを受けながらも、「ほんの5分だけど起きていられた」と少しでもできたことに目を向けるようにしていきました。

やがて**自己啓発書や心理学の本を読むことで、長年自分が抱えていた「私ばっかり損をしている」という思いのほか、自分をうつ病に追い込んでいた心の状態や考え方に気づき、そこから自分を解放していくことができました。**

活躍する起業家や年配の方など、本の中にロールモデルを見つけ、モデリングをすることで生き方を変えていくことができました。

それまで愚痴や不平不満を口にすることが多かったのが、言葉の力を認識し、使う言葉を変えることで人生が大きく変わっていきました。


うつ病を経験したことで、ある意味、それまでの人生の総決算ができたのでしょう。自分の人生を振り返り、今後どう生きていくのかという本質的な問題に向き合うことができたのだと思います。

小説、エッセイ、詩集、ビジネス書、専門書、マンガ、宗教書など、あらゆる本を読みました。そうする中で、徐々に、徐々に、**本とともに回復していくことができたのです。**

後に、自分がやってきたことが読書セラピーだったと気づき、その体験を『うつの世界にさよならする100冊の本』(寺田真理子 著/佐藤伝 監修/SBクリエイティブ)にまとめました。その内容について講演もするようになり、私と同じように本に救われてきた方が多くいることを知りました。

もっと読書セラピーのことを知りたいと思ったのですが、研究している団体がありません。それなら自分で立ち上げれば、同じ関心を持つ方が集まってくれるのではと考え、2011年に日本読書療法学会を設立しました。今年で10周年を迎えます。その間、読書セラピーについて研究と実践を続けるとともに、国内外の読書セラピストたちとも交流を深めてきました。

「本を選んだのは、もともと読書家だったからでは?」と思われるかもしれませんが、そうではありません。通訳時代はほとんど読んでいませんでした。仕事の資料を読むので手いっぱいだったこともありますが、せいぜい月に1冊読むかどうかでした。それでも、仕事の合間に読んだ江國香織さんのエッセイの文章の美しさや、吉行淳之介さんの小説の世界観に、数字と効率に追われる日々を離れ、ひととき別世界に連れて行ってもらえた感覚は印象に残っていました。**私自身も、読書セラピーをそれとは知らずに体験していたのです。**

「ネットのほうが手軽だし、動画とかのほうが情報量も多いからいいんじゃない？」と考える方もいるかもしれません。だけど実際に精神的にとても疲れてしまったときは、そもそも電子媒体自体が疲れを増幅させてしまうのです。処理能力が落ちているときには動画など情報量が多いものほどかえって負担になります。それに、手軽に手に入るものは、手軽な気晴らしにしかならないのも事実です。

もし、**本に頼ることがなかったら、抗うつ剤などの薬に依存してしまっていたかもしれません。**そしてかえって症状を悪化させていたかもしれないのです。

静かにこちらの働きかけを待ってくれて、自分のペースで関わることができる本だったからこそ、回復できたのだと思います。**深く相手の思想や人格に潜るような交流ができるのは、やはり読書だけなのです。**

もちろん、誰もが本好きなわけではありませんし、多種多様な娯楽が溢れる現在、誰もが本を読む必要はないかもしれません。

それでも、**苦しいときや困ったときに、本が支えになってくれる。本にはすごい力がある。**そう知っているだけでも、きっと生きることがラクになると思うのです。

そして、**今の自分に合った本をどうやって選び、読んでいけばいいのかがわかれば、自分で自分のために本を処方できるのです。ありとあらゆる本が、あなたの味方になってくれる……こんなに心強いことはないと思います。**

［編集部より］読書セラピーは読書療法やビブリオセラピーと呼ぶことが多いのですが、本書ではより多くの方に実戦していただきたく、「読書セラピー」というソフトな表現をしています。また、精神科医やカウンセラー、司書、読書会の主催者など読書セラピーを取り入れて実践している方を、本書では「読書セラピスト」と呼んでいます

第1部

読書セラピー《理論編》

古代ギリシャでも注目されていた、
スゴイ！「本の力」

読書の
スゴイ効果！

問題解決の援助

心理的な支援

行動を変える

苦痛を減らす

ストレスの軽減

死亡率の低下

読解力、語彙力、発信力、
集中力アップ！

……など

第1章

読書セラピーって何？

「読書」＋「セラピー」が意味するもの

読書セラピーは英語では**ビブリオセラピー**（bibliotherapy）といいます。語源は古代ギリシャ語で、biblioは「書物」または「聖書」を意味します。therapyは「セラピー」とカタカナで日本語でも用いられるように「治療法」という意味があります。ビブリオセラピーは**「書物による病気の治療法」**という意味で、医学の分野で患者に治療過程で読書をさせることをこのように名づけました。それがカウンセリングの領域でも用いられるようになったのです。

読書カウンセリング、読書心理学、読書教育、読書指導、図書療法、読書予防法、指導的集団療法、文学療法などの呼び名がありますが、読書療法がもっとも一般的なものでしょう。

しかし、本書では治療レベルではなく、読書で心や体が元気になることを知ってもらいたいという思いから、「読書セラピー」としてお伝えしています。

読書セラピーの定義

実は読書セラピーには「これ」という一つの定義があるわけではありません。

「方向性を持った読書を通じた、個人的な問題の解決への指導」(Webster's New Collegiate Dictionary, 1981)

「文学を互いに共有することに基づく、ファシリテーターと参加者の間の相互作用を構造化する技法の一つ」(Berry, 1978)

「感情的な問題や精神の病を抱えた人の治療に文学や詩を用いること。読書セラピーは往々にして社会的な共同作業や集団療法に利用され、あらゆる年代に有効であると報告されている。入院患者、外来患者にも有効であるほか、個人的成長や自己啓発の手段として文学を共有したいと願う健康な人間にとっても有効であ

る」（Barker's Dictionary of Social Work, 1995）

「人格的適応のうえで問題をもっている子どもに対して、適当な読み物を与えることによって、その問題を解決し、彼の適応を正常化するように導くガイダンスの一つの技術」（『読書療法』阪本一郎、室伏武 編著／明治図書出版／１９６６）

このように、複数で読むことを前提としたものや、入院患者に向けたもの、子どもに対するものなど、さまざまな定義があります。「文学や詩を用いる」と読むものが限定されているものもあります。

一律の定義がないのは、各種の団体が読書セラピーを活用していて、それぞれに独自の定義をしているからです。ただ、本を読むことで、心身によい影響を与えることは同じです。

私が代表を務める日本読書療法学会では、

「読書によって問題が解決されたり、なんらかの癒しが得られたりすること」

と幅広く捉えています。

読書セラピーの歴史

本書で初めて、「読書セラピー」という言葉を知ったという方もいらっしゃるかもしれませんが、読書セラピーの起源は実はとても古いのです。なんと古代ギリシャのテーバイ*の図書館には、ドアに**「魂の癒しの場所」**と記されていました。当時から読書のセラピー効果が認識されていたのです。

読書セラピーが文献に登場するのは、16世紀になってからです。『ガルガンチュア物語』の作者として有名なフランソワ・ラブレーは、実は医師でもありました。彼は、**患者に与える処方箋に、いつも文学書名を書き添えていました。**ラブレーと同様に読書をすすめた医師がほかにもいました。17世紀の医師シデンハムは、**「良好ナル書ハ百ノ医薬ニ勝ル」**と述べています。

カリフ・アルマンスールが建てたカイロの病院では内科・外科の治療に加え、

*テーバイ：古代ギリシャにあったポリス（都市国家）。テーベ、テバイと表記されることもあります

聖典の『コーラン』を読ませて病気を治療していました。アメリカやイギリスでも、19世紀には病院で聖書や宗教書を患者に読ませていました。当初は宗教書に限られていましたが、後に娯楽書も与えられるようになり、病院図書館*が発達していきます。

さらに、戦争の影響がありました。第一次、第二次世界大戦によって陸軍病院が発達し、赤十字や救世軍など国際的組織によって図書館が充実していったのです。

20世紀半ばになると、読書セラピーが精神療法ないしはカウンセリングの具体的な一つの技術として再認識されるようになります。それは次のようなことが注目されたためです。

まず、**フロイトの自由連想法に読書を置き換えられること。**自由連想法とは、患者に自由な連想をしてもらい、その内容から無意識を探る方法です。読書によって同等の効果が得られると考えられました。読書の場合、内容による制約はありますが、読書によって刺激を受け、そこから連想が広がっていく点は自由連想

*病院図書館：患者に対してサービスを提供するための病院内の図書館。患者図書室、病院図書室という言い方もあります

法と通じます。

次に、**フロイトのいう感情転移は、読書の場合は精神科医に対するよりも容易に行われること**が挙げられます。たとえば、患者が父親に対する憎しみを長年抱いていて、それが精神的な病の原因になっているとします。治療過程において、父親に対する憎しみが精神科医に対して向けられるようになります。このように本来父親に向けるはずの感情が精神科医に対して向けられるのが感情転移ですが、うまくいけば治療につながることが期待できるものの、実際には、精神科医と患者という関係上、スムーズにいくとは限りません。それが読書の場合には、登場人物に自分を投影して自己同一視することで、感情転移も行いやすいと注目されたのです。

また、**読書をさせることが、カール・ロジャーズの提唱した非指示的技法にもあたると考えられました。**それまでのカウンセリングにおいては、クライアントに対して「こうしなさい」という指示的なやり方が中心でした。ところが非指示的技法においては、クライアントの主体性を尊重し、その力を引き出そうとします。読書もまさに自ら本を読むという主体的な行為ですし、これが非指示的技法の流れに乗ったのです。こうした精神医学や心理学の急速な発達を受けて、読書セラピーが台頭してきます。

読書セラピーを語るうえで外せないのがメニンガー兄弟*です。

兄カール・メニンガーが、1930年に“The Human Mind”*という本を出版します。これは精神的な諸問題について精神科医の立場から一般向けに書かれた本ですが、厚さ4センチほどもあり、一般向けとはいえ内容も専門的です。出版前にカール・メニンガーが友人に宛てた手紙によれば、さほど売れると思っていなかったことが窺えます。ところが、予想に反して20万部を売り上げる大ベストセラーとなり、一般の読者から400通もの手紙が寄せられました。これを見て、弟ウィリアム・メニンガーは、**一般の人が自分の悩みに取り組むのに本書を活用できる**と考えました。彼は5年間の研究の後、これを1937年に発表します。

研究の目的には、「精神医学や心理学の通俗的な文献を普通の人に読ませる」ことと「精神病の入院患者の治療として読書材料を処方する」ことの2つがあり、前者について、400通の手紙を分析しました。また、後者について精神病院で

メニンガー兄弟：翻訳書には「メニンジャー」と表記されているものもあります

“The Human Mind”：日本でも『人間の心』（カール・A・メニンジャー 著／草野栄三良 訳／古沢平作 監修／日本教文社）として出版されています

読書セラピーを5年間、実験しました。

この研究を受けてメニンガー兄弟が読書セラピーを推奨するようになったことから、多くの病院が治療プログラムとして読書セラピーを提供するようになり、やがてカウンセラーや心理学者、精神科医、教育者からソーシャルワーカーへと利用が拡大していきます。

ここで注意しておきたいのは、メニンガー兄弟は精神病の患者、不安な状態や妄想的ノイローゼ、精神分析中の人への読書セラピーには反対だったということです。むしろ、軽いノイローゼやアルコール中毒、患者の家族や子どもの指導に力を必要とする両親への適切な治療とみなして、このような人たちに積極的に用いていきました。けれども現在では、うつ病などの重度の精神疾患にも読書療法が活用*されるようになっています。

米心理学者のベン・マイケリス氏によると、「読書セラピー（bibliotherapy）」という言葉は1916年の『アトランティック・マガジン』の記事が初出でしたが、ここまでお伝えしてきたようにこの概念自体は古くからあり、近年になって

*63ページの「Q&Aうつ病にも効果はあるの？」と75〜77ページのイギリスの読書会の様子をご参照ください

ふたたび注目が高まっているとのことです。

同氏は、一律におすすめの本があるわけではなく、クライアントがどんな状態にあるのか、人生のどんな局面にいるのかの理解が欠かせないとしています。たとえば誰かとの人間関係が始まった時期なのか、終わった時期なのかによっても違いますし、年齢層も、若年層なのか中年層なのか高齢なのかによって変わってきます。

そのため読書セラピーはあくまでも個別療法であることが強調され、適切なマッチングを行うために読書セラピストが存在すると説いています。

ただ、身近に読書セラピストがいなかったり、ちょっと読書セラピーを試してみたいという方のほうが多いと思います。

そのため本書では、自分だけで読書セラピーを実践できるように、第2部で「本の選び方」などをお伝えしています。気軽に試していただきたいです。

第2章

読書セラピーは
どんなふうに行われているの？

読書セラピーのやり方は一つじゃない

日常の読書というものは、普通は一人で本を淡々と読むだけでしょう。

最近はビジネスパーソン向けの読書会などもありますが、その場でみんなで読むというよりも、読んだうえで集まり、感想や考えを話し合うことが一般的なようです。

読書セラピーのやり方は一つではありません。

一人で読み進めることもあれば、カウンセリングなどと組み合わせて読書セラピストとクライアントという一対一の関係において用いられることもありますし、読書会による集団療法で用いられることもあります。

どの形式が合っているかは個人差もありますし、目的によっても変わってきます。

本書をお読みの方は、まずは一人で始められることが多いでしょう。

本の読み方としては、普段通りでかまいませんが、読む本のジャンルなどが少し変わってくることもあります。

実際のやり方は第2部に譲りますが、読書セラピーがどのように実践されているかを知ることは、あなたが読書セラピーを生活の中に取り入れるのに参考になると思います。

マンガも実用書もOK!

読書セラピーでは、主に文学が扱われることが多いのですが、ここでいう文学は何もいわゆる古典名作だけではありません。詩や長編小説、短編小説、エッセイ、戯曲など、できる限り広く捉えます。また、必ずしも本の体裁である必要はなく、雑誌の記事や歌詞、点字や朗読音声でもかまいません。全体を扱うこともあれば、抜粋のこともあります。映画や音楽も活用されますが、読書セラピーである以上、言語を重視することになります。

そのような状況の中で、日本読書療法学会では、**マンガも素材に含めて広く捉えています。**私自身もマンガを活用してきました。

大切なのは、今の自分に合っているかどうかです。普段マンガしか読まない方が難しい本を無理に読もうとしても苦痛でしょうし、かえってストレスになり、読書自体が嫌になってしまうかもしれません。同じ内容をマンガで扱っていて、そのほうが読みやすくて理解できるなら、そちらを選ぶほうがいいでしょう。マンガで内容を把握できることで、本を読むハードルも下がります。

以前に、マンガしか読まない引きこもりのお子さんに対するおすすめの作品をお問い合わせいただいたことがあります。基本的に、少年マンガは努力や成長を描いていることが多いので、読むことで力をもらえます。ただ、友情や勇気に溢れる内容でも、残酷な描写が多い作品もあります。精神的に弱っているときにはそういう描写にダメージを受けてしまうので、避けたほうが無難です。

ハウツーものなどの実用書も読書セラピーに活用できるでしょう。知識を得たり具体的なノウハウを学んだりすることで生活に役立てるというセラピー効果も

あるからです。

たとえば、発達障害のある方が読書によって自分の特性を認識し、その特性との具体的なつきあい方や職場での困りごとへの対応ノウハウを知って生きづらさを和らげることができたら、大きな効果があるといえるのではないでしょうか。

病気になった方に、その病気についての情報を与えることもあります。小児がんを専門にされている細谷亮太医師は、1970年代末にアメリカに行き、小児がんの子どもに告知することを知ります。当時の日本では子どもに重篤な病気だと知らせてはいけないという考え方が一般的でしたが、アメリカでは告知するのが当たり前でした。小児がんに関する本を子どもに読ませ、どう治療するかを子どもと医師と親が一緒になって考えていたのです。それを学んだ細谷医師は、日本でも聖路加国際病院で告知に基づく小児がん治療を導入しました。

このように病気についての情報を本で与えることができます。

また、本人が何を求めているかによっても、どのような本を読むかは変わってきます。

「片づけたい」という思いがある場合、単に物理的に快適な状態にしたいというニーズがあって、収納テクニックなどのハウツーを求めていることもあれば、もっと深いニーズが隠れていることもあります。精神科医の方によると、通院する患者さんには、片づけを始める方が多いそうです。単なる片づけではなく、自分自身の人生の見直しに通じる意味合いがあるのでしょう。そこで求めているのは、ただのハウツーではないはずです。

『捨てる女』（内澤旬子／朝日文庫）では、物を捨て去った精神的な反動が大きくてうつ状態になったなど、物を捨てる行為と精神の関係性を取り上げて考察しています。片づけたいということの潜在的なニーズが自分の人生を振り返ることならば、ハウツーものではなく、むしろ思想書や自分の境遇に似た主人公が登場する小説などのほうが適しているでしょう。*

ダイエットから自己洞察まで

*「片づけと読書療法」というテーマで日本読書療法学会の勉強会でも取り上げています。資料と講義録はホームページのセミナー情報欄の第32回日本読書療法学会勉強会の箇所に掲載してありますので、参考にしていただければと思います

読書セラピーは心理療法やカウンセリングに広く適用されています。

たとえば内科や外科といった一般病院、小児科での診断やリハビリ援助、精神科での治療。* 病院以外にも矯正施設での非行少年の矯正や児童相談所、学校における教育相談などに用いられます。

ダイエットに減量マニュアルを活用するような日常的なものから、* 自己啓発書などを深い自己洞察の手段として活用するものまで、幅広く適用できます。

セラピー、療法という言葉に、特別な意識を持たれるかもしれませんが、実際は、誰でも簡単に気軽に取り組めるものです。あなたが日常的に抱いている不安感や悩みを払拭する一つの方法として、一度試してみてはいかがでしょうか。

本を読んで心が軽くなったという経験がある方は、すでに読書セラピー実践者です。それを今度は意識的にやってみましょう。

精神科での読書セラピーの適用に関しては『診療室にきた赤ずきん』（大平健／新潮文庫）が参考になります

「ダイエットと読書療法」というテーマで日本読書療法学会の勉強会でも取り上げています。資料と講義録はホームページのセミナー情報欄の第31回日本読書療法学会勉強会の箇所に掲載してありますので、参考にしていただければと思います

本だけじゃない「読書セラピー」

読書セラピーは特に認知行動療法と親和性が高く、うつ病の治療に活用*されるほか、腰痛治療にも活用*されています。読書セラピー後のフォローアップ活動にも他の療法を組み合わせやすいでしょう。

補足資料として視覚資料、実物資料、聴覚資料、そしてアート資料を活用することもできます。特にこれらは、２人以上で行う場合に活用されます。

《視覚資料》

作品に関連したマンガやイラスト、写真などを使います。

「ドア」という詩を使ったある読書会では、参加者に事前にドアの写真を見つけて持ち寄ってもらい、お互いに自分の選んだ写真を見せながら話し合いを進めてもらいました。

私も以前、カウンセリングを学んでいた際に「老いの心理学」という講座で自

*うつ病治療については63〜65ページをご参照ください

*腰痛治療については59ページをご参照ください

分の若いときの写真を持参するように指示がありました。数年前の写真を持ってくる方もいれば幼児期の写真を持ってくる方もいて、お互いの写真を見ながら老いについて考えていきました。

このように写真を使うと話し合いのとっかかりにもなりますし、必要以上に自己開示の不安を持たずに個人的なことも話せるのではないでしょうか。

《実物資料》

作品中に帽子やスリッパ、あるいは石や貝殻が登場する際に、実物を持参してそれを見ながら話を進めていきます。また、焼きたてのパンの香りが登場するなら焼きたてのパンを実際に目の前にして五感を刺激して進めていきます。*

《聴覚資料》

たとえば歌詞を使う際に、単にそれを目で追うだけでなく実際に音楽をかけて聴くことができるでしょう。BGMとして音楽を使うこともあります。落ち着きのないグループの場合に、ちょっと変わった民族的なもの、たとえば日本の能や

*日本近代文学館にあるBundanというカフェでは、たとえば谷崎潤一郎の『蓼喰う虫』（新潮文庫）に出てくるトーストサンドイッチや村上春樹の『世界の終りとハードボイルド・ワンダーランド』（新潮文庫）に出てくる主人公の朝食が実際に食べられるようになっています。そういう体験をするとまた作品の味わい方も深まってくるでしょう

インドの民族音楽などを使うことで参加者の注意を引くことができます。

私も自分の講座でチベタンベルを活用しています。チベット仏教で使われるもので、独特の音がします。大人数の講座でディスカッションをしてもらうと、その後でこちらに注意を戻してもらうのが大変なのですが、変わった音を耳にすると参加者も「なんだろう？」と注目してくれるのです。

このようにちょっと変わった音のほか、雨の音や海の音、風の音のような自然の音を活用することもできるでしょう。

《アート資料》

読書セラピーの中で、クレヨンやペンを使って絵を描くこともあります。

同じ題材を使っても人によって描くものがまったく違います。抽象画のように描く方もいればメルヘンタッチの方もいて、見ていて面白いですし、そこから話も弾みます。

禅を利用したものもあります。参加者に紙と筆と墨を渡し、目をつぶって心に浮かんだものをそのまま筆でパッと書いてもらい、目を開けてそれを見て感じたことを言葉にしてもらうのです。そうすると日常の枠が取り払われて枠外での思考ができます。

これらの補足資料はフォローアップ活動のほか、アイスブレイクとしても活用できます。

読書会の中で、アイスブレイクのつもりで補足資料を使ったところ、予想以上に話が弾んだり、気づきを得たりする場合があります。

その際は予定していた流れで無理に進めようとせずに、そこで出てきた気づきを大事にして進めましょう。参加者にとってどれだけ気づきが得られるかのほうが重要だからです。

読書セラピーって本当に効果があるの？

私は自分自身の経験から、「読書セラピー」の優れた効果に自信を持っていますし、歴史の長さもそれを実証してくれています。

それでも、まだ効果に疑問をお持ちの方もいることでしょう。

読書セラピーに関しては、その効果を実証するために、たくさんの調査研究が進められています。

たとえば、依存症治療に関するある実験では、9人のカウンセラーを用意し、10番目のカウンセラーとして「本」を用意しました。カウンセリングによるクライアントの精神状態の変化を追跡したところ、共感力の高いカウンセラーには及ばなかったものの、**共感力の低いカウンセラーよりも「本」のほうが9カ月後のクライアントの症状や経過が良好でした。**一人で読書をするだけでも相当なセラピー効果が期待できることがわかったのです。*

日本における読書セラピーのKの事例*なども相当の年数を経てから追跡調査がされ、効果が持続していることが確認されました。

"Reading Well" のプログラム*も、ウエストミンスター大学の研究者が若者への

*「依存症と読書療法」をテーマにした第9回日本読書療法学会勉強会の資料から
*Kの事例：84〜86ページ
*"Reading Well" のプログラム：74ページ、https://reading-well.org.uk/resources/2599

影響を調査し、フィクションやノンフィクション、詩など幅広い分野から若者が共感しやすいように選ばれた本の活用がメンタルヘルスの改善に有効だと結論づけています。

ザ・リーダー*も、読書会が抑うつ状態や認知症、女性受刑者に与える影響を調査し、有効性を示しています。

ほかにも、ストレス改善や睡眠促進、長寿などへの影響があることなどは、「はじめに」に書いた通りです。

このように各種のエビデンスはあるものの、読書セラピーはあくまでも個別療法のため、エビデンスベースにはなじみづらいものです。どんなに素晴らしい本でも、誰もが感動するわけではないですし、同じ読者でもそのときの気分や体調、問題意識などによって反応は違います。

『傷を愛せるか』（宮地尚子／大月書店）で、「ポスト・トラウマティック・グロース（外傷後成長――心に傷を負った後の人間としての成長）」についての記述

* ザ・リーダー（The Reader）：75～77ページ、https://www.thereader.org.uk/about-us/our-research/

があります。直観的には誰もが理解し大切だと思い、そこに希望を見出すのだけれど、研究の俎上に載った途端、その概念が測定や評価可能な「因子」となってしまい、定義が求められ、指標となる項目が選ばれ、繰り返し測定が行われ……研究者自身が「自分が何をしているのか、わからなくなってきた」とこぼすようになったというのです。

読書セラピーにもそのまま当てはまると思いました。エビデンスベースで捉えようとする考え方そのものに限界があるでしょう。

なお、読書による効能*は、『読む薬』（五十嵐良雄 著／日本読書療法学会 監修／アチーブメント出版）で詳しくまとめられていますので、興味のある方はお読みいただければと思います。

ではこれから、「読書セラピー」の効果に関して、私がよく受ける質問にお答えしていきます。あなたが気になることがあるかもしれません。

読書の驚くべき健康効果
1 IQを高める
2 情緒を発達させる
3 認知機能の低下を防ぐ
4 うつの予防になる
5 寿命を延ばす
6 ストレスを減少する
7 リラックスして眠りがよくなる
8 人生の幸福度を上げる
9 お金持ちになる
（『読む薬』より）

Q&A 体の痛みにも読書セラピーは効くの？

読書セラピーは特に腰痛治療に活用されています。

認知行動療法の一環として、正しい知識を得ることや慢性的な腰痛を引き起こす心理的要因にアプローチするために有効と考えられ、『人生を変える幸せの腰痛学校』（伊藤かよこ／プレジデント社）など、書籍も多く出版されています。

たとえば、椎間板ヘルニアは腰痛の原因と思われていますが、実際にはヘルニアがあってもまったく痛みがない方もいますし、腰痛との因果関係があるわけではないのです。

腰痛のための医者も治療者もいない国には腰痛の人もいないそうです。

このような知識を得るだけでも腰痛に対する捉え方が変わってきますし、実際、読むだけで腰痛が治ったという読者の声も多いようです。

Q&A 読書で禁煙できる？

禁煙を目的にした本は多数あり、読書セラピーが活用されています。読者層に合わせて体裁もさまざまで、たとえば若い女性喫煙者が対象の場合は喫煙による肌への悪影響など美容情報を前面に出し、読者に伝わりやすいように工夫がされています。

喫煙以外にも、薬物依存やアルコール依存など各種の依存症の治療に読書セラピーは活用されています。* 英語圏では依存症に特化した詩集もあります。"Breaking Addictions with Biblio / Poetry Therapy" は詩で依存症に対応するもので、アルコール依存症やコカイン中毒、拒食症などそれぞれに詩があり、それを読みながら考えていくものです。

このように直接的に取り上げる方法だけでなく、間接的に取り上げる方法もあります。依存するようになったのは自尊心が低いからではないか、と自尊心をテーマにした読書セラピーを行い、そこから依存症に言及していくのです。

＊「依存症と読書療法」というテーマで日本読書療法学会の勉強会でも取り上げています。資料と講義録はホームページのセミナー情報欄の第9回日本読書療法学会勉強会の箇所に掲載してありますので、参考にしていただければと思います

Q&A 認知症にも効果はあるの？

「認知症になると何もわからなくなる」という偏見はいまだに根強いですが、実際には症状は人それぞれですし、「認知症になってもできることはまだまだある」というほうが実態に即しているでしょう。国内でも近年は認知症であることを公表して啓発活動をする当事者の方が増えてきました。

このような動きを生み出したのがオーストラリア人のクリスティーン・ブライデンさんです。40代で若年性認知症になった彼女は、「認知症になるとはどういうことか」を当事者の立場から発信し、執筆の傍ら世界各国で講演活動を行うようになりました。認知症になってもこんなに活動できるのだと自ら示すことで、多くの当事者のロールモデルとなったのです。『私は私になっていく』（馬籠久美子、桧垣陽子 訳／クリエイツかもがわ）などのクリスティーンさんの著作と活動に触発され、日本でも自ら発信する当事者の方が増え、当事者団体である日本認知症本人ワーキンググループ（ＪＤＷＧ）が結成され、政府の政策に影響を与えるまでに至っています。

当事者の本を読むことでロールモデルを得て希望を持てるという意味で、読書セラピーの効果は大きいです。当事者ならではの経験に寄り添ってもらい、共感することで、自分だけではないと本の中に仲間を見出すことができます。さらには、日々の困りごとへの具体的な対応法を知る実用書として活用できる側面もあります。

日本では、当事者の本だけを集めたブックフェア*が全国各地の書店で開催されて好評を博したほか、当事者が集まって当事者の本を読む読書会も開催されています*。

ほかにも、認知症があるお年寄りに昔読んだことのある詩を読み聞かせることで記憶を刺激することがあります。これは回想法*の一種としての活用と考えられます。

ブックフェア：JDWG_bookfair proposal_291030-1.pdf

「認知症への介入と読書療法」というテーマで日本読書療法学会の勉強会でも取り上げています。資料と講義録はホームページのセミナー情報欄の第29回日本読書療法学会勉強会の箇所に掲載してありますので、参考にしていただければと思います

回想法：主に高齢者を対象とし、人生の歴史や思い出を、受容的共感的な態度で聴くこと

Q&A …………うつ病にも効果はあるの？

当初メニンガー兄弟が読書セラピーを適用する際に想定していたのは、重度の精神疾患ではありませんでした。けれどもイギリスの読書会では、**どんな抗うつ剤よりも読書が効果があった**と語られるほど、参加者によって効果が実感されています。*

また、『こころのりんしょう à·la·carte 第26巻第1号（No.109）』（星和書店）には、こんな調査研究も紹介されています。

星和書店から出版されている『いやな気分よ、さようなら』は、抑うつ気分の改善にきわめて効果的であるといわれています。*アメリカでの調査ですが、抑うつ状態にある人たちを2つのグループに分け、1つのグループにはこの本を与えて読んでもらい、もう1つのグループには本を与えず、4週間後に抑うつ状態を調べました。調査票を使って抑うつ状態を調べてみると、

を基本的姿勢とするものです。囲炉裏など昔の懐かしい家庭用品を使うことが多いです

77ページをご参照ください

『いやな気分よ、さようなら』以外にも、役立つ書籍が各種発売されています。「セルフヘルプ本」というテー

本を読んだグループが、顕著に改善していました。読まないグループは、ほとんど改善が見られませんでした。そこで次に、この読んでいないグループに本を読んでもらうことにし、4週間後に再度調査したところ、著明な改善が見られました。

日本でも最近は増えてきているようですが、アメリカでは、治療者が治療の間に「宿題」として患者さんに本を読むようにすすめる読書療法を課す治療者が増えています。テキサス大学のサントロック博士たちは、アメリカ各地の500人の治療者に質問をしたところ、その70％が自分の患者さんに少なくても3冊の本を紹介したという報告があります。そしてそのほとんどが、良い結果を示しているということです。これら治療者によって紹介された本を調べたところ、その第1位は、『いやな気分よ、さようなら』でした。第2位は、やはりデビット・バーンズの著書である『フィーリング Good ハンドブック』（星和書店刊）でした。

この調査研究で言及されているのは抑うつ状態ですのでうつ病とは違いますが、

マで日本読書療法学会の勉強会でも取り上げています。資料と講義録はホームページのセミナー情報欄の第3回日本読書療法学会勉強会の箇所に掲載してありますので、参考にしていただければと思います私自身もうつ病から回復することができましたし、副作用のない療法として大いに期待できます。

日本では特にうつ病の場合に、多剤大量処方が問題になっています。精神科を受診した結果、複数の種類の薬を大量に処方され、服薬を続けることで薬に依存してしまうケースが多いのです。* そのような弊害を避けるためにも、積極的に読書セラピーを活用していただきたいと願っています。

Q&A 読書セラピーでトラウマは克服できる？

トラウマからの回復のための読書として、読書によってロールモデルが得られることがあります。

『淳』（土師守／新潮社）* の文庫版解説の中で、光市母子殺害事件の被害者遺族である本村洋さんが文庫化される前の同書を読むことで力を得られた経験を綴っています。「妻と娘を殺害された怒りや憎悪を、少年法をはじめ被害者の人権等

『精神医療の現実——処方薬依存からの再生の物語』（嶋田和子／萬書房）に詳しいです

『淳』：87ページをご参照ください

について考えるエネルギーに変換してくれたのが、この『淳』である」。同じように悲惨な事件の被害者である著者が、自分の気持ちを整えながら少年法の改正などにエネルギーを向けていっている。読書を通じてそれを知ることで、ロールモデルが得られて行動が変わっていったのです。

また、トラウマがある場合に心理学的な知識を得て対応することもあると思います。トラウマになっている場面が頭の中で何度も鮮烈な映像で繰り返されてしまうときに、フラッシュバックされる映像をモノクロにしてみたりセピア色にしてみたりと、意図的に頭の中で画像処理をすることで衝撃を和らげていく。そういうNLPのテクニックを読書によって学べます。

このようにロールモデルを得たり、具体的な知識を取得したりできるという点で、トラウマに対する読書セラピーの効果はあると思います。

ただ一方で、読書によってラベリング*をしてしまう懸念もあります。一時期、アダルト・チルドレンが話題になって多くの方がその関連書を読み、何か一つでも自分に当てはまることがあると「自分もアダルト・チルドレンだ」と言い出す

*ラベリング：印象を固定化させること

現象が起きました。忘れてしまえるような些細なことを取り出してアダルト・チルドレンとラベリングをしてしまうことで、かえってトラウマが深まってしまう可能性もあるかと思います。

Q&A　副作用はないの？

本は比較的安価で、薬と違って吐き気や頭痛などの副作用がないため、読書セラピーは安全な療法としておすすめできます。

ただ、人によっては注意が必要な場合もあります。たとえばＤＶ被害に遭った方が自分と同じ経験を描いた場面を読んだときに、過去の経験が克明に思い出されて恐怖を覚え、吐き気を催したり、体調を崩してしまったりすることはあり得ます。自分の精神状態を把握して、避けたほうがいい（読まないほうがいい）ものを認識しておく必要があるでしょう。

読書セラピーの限界

適用範囲の広い読書セラピーですが、限界もあります。読書それ自体の限界もありますし、クライアントの限界、そして読書セラピストの限界もあります。それぞれについて見ていきましょう。

まずは読書それ自体の限界ですが、読書である以上、読書ができない方には適用できません。目が見えない、視力が極めて弱い、病人で読む体力がない、読み書きができない、ディスレクシア（読字障害）などの場合です*。

また、理解力がないと困難ですし、同様の理由から乳幼児や就学前児童にも難しいと考えられます。もちろん、点字や読み聞かせ、オーディオブックなど口頭による手段もありますが、これらは応用形式とみなされます。

クライアントの限界としては、身体的、精神的な欠陥やパーソナリティの質的

*「読書療法の限界を考える～ディスレクシアについて」というテーマで日本読書療法学会の勉強会でも取り上げています。資料と講義録はホームページのセミナー情報欄の第7回日本読書療法学会勉強会の箇所に掲載してありますので、参考にしていただければと思います

な面で感受性が乏しい場合、精神薄弱や強度の精神病の場合があります。また、読書セラピーは自己治療に依存するため、自己統制ができないと難しいでしょう。さらに、過度の孤立化傾向がある場合も、強迫観念などが悪化したり、読書に逃避したりする可能性があると指摘されています。

そして、読書セラピストの限界としては、読書セラピーに関する専門知識、読み物についての知識を豊富に持ち合わせていなければならないほか、読書セラピスト自身のパーソナリティの限界もあります。

第3章

読書セラピーお国事情

図書館で本が処方される――アメリカ

マンハッタンのミッドタウンにあるNPOセンター・フォー・フィクションでは、さまざまな相談にやってきたクライアントに、読書セラピストが毎月1冊、計12冊の本を処方します。すべて小説で、クライアントと同じ問題を抱えた主人公が解決に向かう姿にクライアントが自らを重ね合わせられるようにしています。

6年間ここで活動を続けてきたある読書セラピストは、クライアントが本によって洞察を深めることを実感しています。彼女は読書セラピーを治療とは捉えていません。双極性障害などの重い疾患を持った方に適用するものではなく、**人生の困難な時期を乗り越える手助けをするもの**と捉えています。たとえば、ワークライフバランスなどの問題に直面したときに、本の中の登場人物と自分自身を重ね合わせて人生を前に進めていけるものと捉えているのです。

このような有料の読書セラピーだけではなく、無料のサービスとしてニューヨーク公共図書館の司書に本を処方してもらうこともできます。* 司書は豊富な本の

＊ニューヨーク公共図書館は来館者のあらゆる要望に応えるサービスが徹底しています。『未来をつくる図書館』（菅谷明子／岩波新書）に詳しいです。映画「ニューヨーク公共図書館　エクス・リブリス」でもその様子や舞台裏を見ることができます

知識を基に、たとえば、失恋をしてさんざんな気分だという相談者に対して、「思いっきり笑える楽しい本」や、逆に今の最悪の気分に沿った「ものすごく泣ける悲しい話」を本人の希望に沿って処方します。

本と自分だけの関係に没入すること自体に癒しの効果があります。

代替医療として政府が認定 ——イギリス

イギリスでは従来の医療への代替策として、読書セラピーが活用されてきました。ウエストヨークシャー州カークリーズの家庭医は、うつ病の発作やストレス、不安に悩む患者を地元の図書館の読者セラピストに照会します。すると読者セラピストである司書は患者と面接して現状や読書歴を聞いたうえで図書館のデータベースを検索して、それぞれの患者の病気を緩和させるための、いわばオーダーメイドの本のリストをその患者のために作成します。回復の励みになるような本を処方するのです。

かかりつけ医から薬も処方されますが、併せて本も処方されるのです。このような取り組みが2000年からあり、これが全国的に広がっていきました。

2013年6月に"Reading Well"と呼ばれる取り組みで読書セラピーが導入されました。* 中・軽度のうつ病、パニック障害、過食症などの精神疾患に苦しむ患者が対象で、医師は患者の症状に合わせて、30冊の指定図書の中から適切な本を"処方"します。患者は薬局ではなく、図書館へ行って、処方された本を借りるという仕組みです。

処方される30冊はすべて「自己啓発」と呼ばれるジャンルのもので、『いやな気分よ、さようなら』などが含まれます。プログラム開始から3カ月間で、NHS* 指定図書は全英の図書館で延べ10万回も貸し出されました。

副作用がないこともメリットとして取り上げられています。

このプログラムは、図書館の取り組みとして国内外の図書館から高い注目を浴び、イギリス全土のほぼすべての図書館に導入されました。2020年2月までに120万人以上が利用し、ブックリストが役立ったという人が90パーセントと、高い満足度を示しています。ブックリストは青少年向けや認知症がある人向けな

*『Courrier Japon』2014年3月号に「英国政府公認！ 鬱の人には本を処方します」という記事があります

* NHS：国民保健サービス（National Health Service）。イギリスの国営医療サービス事業のこと

ど、拡充されてきています。利用者も精神科医からの照会よりもパンフレットなどで知って利用することが多く、65パーセントは自ら照会しています。**健康情報を提供することが図書館の司書の役割の一つとして認識されてきました。**

《気軽に参加できる読書会》

このように本の処方をメインにした対症療法的なものだけでなく、文学作品を深く読み込む読書会も盛んです。ザ・リーダーが主催する読書会が全国各地で開催されています。10人くらいで集まって文学作品を読み込むものです。事前に読む必要はありません。その日読む分のコピーが参加者全員に配布され、読書セラピストが音読します。黙読が苦手な参加者もいますし、参加者が指名されて音読するとなると緊張を強いられてしまいます。そのような負担がないように配慮されているので、誰でも気軽に立ち寄れるのです。

課題本はエミリー・ブロンテの『嵐が丘』などの文学作品です。読書セラピストが音読した後で、内容について参加者と話し合います。「この場面の登場人物の行動をどう思いますか」などと意見交換をしていくことで、参加者は他者の価値観に触れることができます。そして自分の意見を表明し、耳を傾けてもらうことができます。

実生活ではきちんと話を聴いてもらえる機会が十分にないものなので、聴いてもらって尊重されること自体が貴重な癒しになります。反対意見が出ることもありますが、あくまでもその文学作品についての話なので、自分自身が否定されるわけではありません。**テキストを媒介にすることで、自分は安全圏にいながら、自分の意見を表明し、それが受容されることで自己肯定感を高めることができるのです。**

従来、読書セラピーは重度の精神疾患には治療効果がないと考えられてきました。しかし、うつ病を含むさまざまな精神疾患を抱えた方たちの集まる読書会も開催されています。BBC放送の番組でも、本の内容に関して、自分の意見を言い合い盛り上がる読書会の様子が取り上げられました。ザ・リーダー代表のジェーン・デイヴィスさんによると、**毎週の読書会に参加して6週間から8週間で精神状態に顕著な改善が見られる**そうです。

小説や詩に触れることで違う世界に連れて行ってもらえると感じ、発作的な自殺・自傷衝動があっても読書会への参加がモチベーションになって耐えられるようになった参加者もいます。**「どんな抗うつ剤よりも読書セラピーが効果があった」**と娘に言われた参加者もいます。読むこと自体と、読書会の場としての機能も大きいのだと思います。

これまで読書をしてこなかった方は、力のある言葉に触れることによって自己が解放される経験をするようです。自分の感じていたことはこういうふうに表現できるのだと発見するのです。

本と深い関わりを持つことで、言葉が自己の一部となります。また、自分の感情を適切に表現できる語彙を持つことでラクになれることも多いものです。

《イギリスで広く行われている読書会のメリット》

読書会には、集団ならではのメリットがあります。

読書セラピーは、一対一よりも集団で読書会の形式で行うことのほうが実は多いのですが、それには理由があります。

読書セラピストと一対一で向き合うとなかなか話しづらいことでも、ほかに人がたくさんいると話しやすい雰囲気がつくられます。また、読書セラピストには先生に対するような感覚でも、他の参加者は仲間として捉えられ、仲間にだったら話しやすいのです。このような集団力学（グループ・ダイナミクス）がうまく作用すれば、テーマを深めていくことができます。

読書会には、自分がどんな意見を言っても受け容れてもらえるという受容的な雰囲気が求められます。読書会が始まるときはお互いに相手のことをよく知らないのですが、本が共通の話題となり、それについて話をしていくことで仲間意識が育まれていきます。

本の持つ中立性もあります。自分自身のことについて話すのではなく、本の内容について話すため、媒介を置くことで安心感を持っていろいろな話ができます。本について話し合う中でコミュニケーションスキルも磨くことができます。外の世界でそれをやると人間関係が難しくなることもありますが、読書会という安全な環境の中でコミュニケーションスキルを磨けるのです。

集団の対話を通じての自己理解も深まります。全員で話し合っていく中で、こういう感情を持つのは自分だけではないのだ、他者も同じことを感じているのだと感情の普遍性に気づきますし、自分とはまったく違うものの見方、捉え方を知ることで新鮮な洞察が得られます。

自分が思っている自分と他者が思っている自分は結構違うと認識することもあります。ある男性は「自分は孤立したくないタイプだ」と思っていたのが、「すごく自立心が強いね」と他の参加者に言われました。また、ある女性は「自分はどうするのか他の人に決めてもらったほうがラクだ」と思っていたのが、他の参加者に「あなたは人の意見を全然聞かないわね」と言われてしまったのです。このように自己認識にかなり違いがありました。

他の参加者の反応を見て「この人が今経験していることは自分が困っていることとすごく似ているから、この人の対応方法を真似しよう」とポジティブな形でモデルになることもありますし、逆に「この人に話を遮《さえぎ》られて嫌だった。自分はよく話を最後まで聞きなさいと言われるけれど、こういうことなのかとわかった」とネガティブな形でモデルになることもあります。このように自分にとってのモデルを提供する役割も果たしてくれます。

読書会以外にもイギリスにはThe School of Lifeという、カルチャースクールのような面白い取り組みがあります。そこで「こんなときにはどんな本を読んだらいいですか」という相談に読書セラピストが答える活動が長年続けられてきましたが、その内容が書籍化され、30カ国ほどで翻訳出版されています。日本でも『文学効能事典』（エラ・バーサド、スーザン・エルダキン 著／金原瑞人、石田文子 訳／フィルムアート社）として刊行されています。「お茶がほしくてたまらないとき」「花粉症のとき」「ネクタイに卵がついていたとき」「歯が痛いとき」「無職のとき」「やるべきことを先送りしてしまうとき」など、あいうえお順にいろいろな状況におすすめの小説を紹介しています。この本で読書セラピーを知った方も多いようです。著者の一人エラ・バーサドさんは、ムーミンの本を読書セラピーによく活用するそうです。* 抑うつ気分や喪失感など、大人が抱える問題を投影したような登場人物が多く、共感しやすいからだといいます。

コロナ禍でイギリスはロックダウンを経験しましたが、それを乗り切るための本として『ムーミン谷の彗星』（トーベ・ヤンソン 著／下村隆一 訳／講談社文庫）、『ムーミン谷の冬』（トーベ・ヤンソン 著／山室静 訳／講談社文庫）、『ムーミンパパ海へいく』（トーベ・ヤンソン 著／小野寺百合子 訳／講談社文庫）、『ムーミン谷の十一月』（トーベ・ヤンソン 著／鈴木徹郎 訳／講談社文庫）をおすすめしています

憧れの職業・読書セラピストは国家資格 ――イスラエル

イスラエルでは読書セラピストが国家資格になっています。読書セラピーは、アートセラピーの一つとして広く認知されています。成熟が必要な仕事と考えられていて、読書セラピストは憧れの職業になっています。セカンドキャリアとして人気が高く、音楽家やパイロットなどから読書セラピストに転向する方もいます。読書セラピストになるためには文学や心理学、統計学まで学ぶ必要があり、フィールドワークも含め数百時間のトレーニングが必要です。

他の療法と組み合わされることも多く、音楽療法や認知行動療法、アロマセラピー、ダンスセラピー、さらには園芸療法とも組み合わされます。民話の中には植物が登場するものも多く、園芸療法との親和性が高いのです。

長期入院だけでなく短期入院も含め、病院内でも精神科医や他の専門家がどうしていいかわからないときの、いわば**最終兵器として読書セラピストが頼りにされています。**

高齢者を対象にした読書セラピーも読書会形式で行われます。参加者が高齢の場合、高齢の著者の本を使うことが多いです。１００歳の詩人として話題となった柴田トヨさんの詩*も英訳されたものがあり、読書セラピーに使われています。「年齢が近いほうが共感しやすいから」という理由で高齢の著者の本を使うのですが、注意も必要です。「この人はこんなに多くのことを達成したのに自分の人生には何もない」と、参加者が著者と自分を比較して落ち込んでしまうことがあるからです。

そんな場合には『ワンダー』（Ｒ・Ｊ・パラシオ 著／中井はるの 訳／ほるぷ出版）を使います。主人公は顔に障害があり、外見のせいで差別的な扱いをされます。高齢のために同様の扱いを受けることが参加者にもあるため、共感しやすいのです。本書を切り口にして老いについて語り合うことができます。

このように読書セラピーが普及している背景には、イスラエルが国としても読書に力を入れていることが挙げられます。子どもの頃から読書習慣を身につける

＊柴田トヨさんの詩：『くじけないで』（柴田トヨ／飛鳥新社）

ための施策が充実しているのです。

イスラエルの富裕層が日本に観光に来る場合、通常の観光のように決まったコースでありきたりの説明を聞くことはしないそうです。事前に「ここのお寺を見たい」と指定し、そのお寺の歴史などについて詳しく学んだうえで深く鋭い質問をしたりします。このような民度の高さも読書が支えているのでしょう。

始まりは吉田松陰 ――日本

日本の読書セラピーは、吉田松陰が投獄された身でありながら獄中で勉強に励み、他の囚人を教化したことから始まったとされます。実は、吉田松陰は漢訳された書物を通してアメリカの刑務所制度やそこでの読書の活用について知っていたそうです。そんな影響もあって自ら試みたのではないかと思われます。

日本では矯正教育の現場で読書セラピーが積極的に活用されてきました。矯正教育というのは、主に少年院において非行少年に対して行われるものです。この分野では大神貞男さんの研究が有名です。家庭裁判所の調査官の傍ら、日本読書学会理事ならびに読書療法研究会*常任理事兼事務局長を務め、少年たちに読書セラピーを適用してきました。それをまとめたのが『読書療法――その基礎と実際』（大神貞男／文教書院）で、１９６０年代、70年代の事例が中心です。

同書にKという青年の事例が登場します。祖父は精神病の既往歴があり、殺人罪の前歴があるやくざの親分です。父親は米軍兵士で、Kが出生する頃にはすでに本国に帰っていました。母親はその後水商売をしていましたが、ガス自殺をしました。Kは小学校高学年から非行に走り、その後傷害、窃盗、強姦などをするに至ります。

当時19歳のKに読書セラピーを適用するにあたり、事前に学力検査やロールシャッハテストを含む心理テストを行い、そのうえで本が処方されました。

まずはエクトール・マロの『家なき娘』。聡明な少女が苦難の末に幸せを得る物語で、ロールモデルとして与えたと考えられます。家庭環境の問題で非行に走ることが多いので、同様に困難な家庭環境にある子がどうやって自分の人生を切

*読書療法研究会：この団体は現存しません

り拓いたかを見せる意味で与えたのでしょう。

『家なき娘』の読後にKに感想文を書かせると、「私もこの本の主人公のように親孝行してみたい気持ちでいっぱいになった」と書かれていました。

それを基に、どうしてそう思ったのか、どうしてこれまで悪いことをしてきたのかを話し合い、その話し合いを受けて次の本が処方されました。それが『次郎物語』（下村湖人）で、同様に困難な環境で奮闘する少年が主人公です。同書についても感想文を書かせ、それを基に話し合いをしました。

ほかに山本有三の『真実一路』や島崎藤村の『破戒』、マージョリー・キナンローリングズの『小鹿物語』（動物への愛情の観点から）、川端康成の『伊豆の踊子』（純愛という観点から）が処方され、同様に感想文を基に週1回の面接が6カ月にわたって続けられました。この期間を通してKは意外なほど真面目に、毎回熱心に取り込んだところ、**人格の公共性の著しい改善や、人格の病的性格の減少ならびに衝動性の著しい減弱といった変化がテスト上にも表れました。安定した情緒性が得られたほか、現実生活での適応行動も目立って改善されました。**Kのような事例でも6カ月でこのように顕著な効果が見られたことから、読書セラピーへの期待が高まりました。

読書セラピーの効果を測定するために、かなりの年数を経てから追跡調査もしていますが、Kはその後罪を犯すこともなく、結婚して子育てもして、地に足がついた生活を送っていることが確認されました。

このことから、**読書セラピーは長期的な経過を見ても効果の大きい療法である**ことがわかります。


大神貞男さんは多数の事例研究を通して読書セラピーの効果を訴えました。Kに適用されたのと同じ本が主に活用され、60年代、70年代を通して読書セラピーの研究が進みました。ところが70年代半ばから少年院のプログラムが変更になり、読書の比重は低下してしまいました。それでも読書は依然として矯正教育に大きな役割を担っています。近年は「読書指導」*として取り上げられています。

最近の少年院では発達障害のある子が多くいます。たとえば「あいうえお」が言えずに「たみふへほ」になる。左右がわからない。3分の1がわからないので

読書指導：論文も「読書指導」で検索すると読書セラピーの内容が見つかります。「矯正教育と読書療法」というテーマで日本読書療法学会の勉強会でも取り上げています。資料と講義録はホームページのセミナー情報欄の第11回・第12回日本読書療法学会勉強会の箇所に掲載してありますので、参考にしていただければと思います

「窓を3分の1開けて」と頼まれてもわからず、怒ってケンカになる。まっすぐ歩けず、ジグザグに歩いてしまう。そして人にぶつかって、本人は歩き方への自覚がないので「なんでぶつかってくるんだ」とケンカになる。人の顔が認識できずにモザイク状に見えていて鼻だけで認識している、あるいは太腿だけで認識している。このような具合です。こういう状況に対応するために少年院でも発達障害への認識を深めています。そんな中でレオ＝レオニの『スイミー』（谷川俊太郎 訳／好学社）や『スーホの白い馬』（大塚勇三 再話／赤羽末吉 画／福音館書店）などの絵本も活用されています。*

また、被害者の心境を知るために『淳』など犯罪被害者や遺族の手記が贖罪指導に使われています。感想を書くにあたって「この事件が起きた直接の原因はどこにあると思いますか」「君がその事件の現場にいたとして、その場を止めるためにいちばんよい方法を考えてください」という指導がなされています。

感想文の代わりに読書感想画を描くこともあります。知的障害などが理由で感想文が困難な場合や、感想文では表面的に取り繕ってしまう場合に、内面を知る

*『心からのごめんなさいへ――一人ひとりの個性に合わせた教育を導入した少年院の挑戦』（品川裕香／中央法規出版）に詳しいです

手段として活用されています。

《書くことも読書セラピーになる》

読書セラピーでは読むだけでなく、作文や作詩など、書くこともセラピーの一環として行われます。私自身も『うつの世界にさよならする100冊の本』を書いたとき、自分の思いを書いて外に出すことの効果を実感しました。

最初は「こういうときにはこうしたらいいですよ」という一般論として書いていたところ、編集者からそれではだめだと指摘されたのです。自分のこととして書かないと読者には響かないと言われて納得し、「私は」と自分のこととして書き出した途端、書くハードルがすごく上がってしまいました。一般論として「こうですよ」とは書けるけれど、「私はこうでした」と書くのは、それだけ自分を外に出すことだからです。けれども結果的にそうして書いたことで自分自身の癒しにつながりました。

書くことによる読書セラピーの様子は、『刑務所図書館の人びと』（アヴィ・スタインバーグ 著／金原瑞人、野沢佳織 訳／柏書房）にも登場します。ハーバード大学を卒業した著者が刑務所図書館の司書になり、その体験を綴った作品です。刑務所図書館の実態だけでなく、受刑者向けプログラムの一環としての作文クラスの様子も描かれています。文章や詩を書いてもらうことを通じて囚人たちとコミュニケーションをとっていくのです。

《少年院や刑務所での事例が多い日本》

読書セラピーの適用範囲はかなり広いので、何も特殊な環境に限ることなく、日常的に活用できます。 ただ、少年院や刑務所の事例が注目を集めるのは、それだけ顕著な効果が表れるからでしょう。

対象となる少年や受刑者の中には、それまで1冊も本を読んだことがないという者も多いのです。少年院で初めて辞書を引くことを学んだ少年もいます。娯楽がきびしく制限される環境下で読書に集中でき、その喜びに目覚め、年間100冊から150冊を読破する少年もいます（中には300冊というケースも）。読書経験がなかっただけに、読書によって自分の感情を表現する語彙を身につけたり、ロールモデルを見つけたりすることで大きな変化が生じるのでしょう。

マルコムXは黒人の権利に関してキング牧師などとならんで活躍した人物ですが、刑務所で服役中に多くの本を読むことで黒人解放運動活動家として目覚めていきました。

『プリズン・ブック・クラブ』（アン・ウォームズリー 著／向井和美 訳／紀伊國屋書店）や『刑務所の読書クラブ』（ミキータ・ブロットマン 著／川添節子 訳／原書房）では囚人たちの読書会が描かれています。いずれもジャーナリストや教授という部外者がファシリテーターの役割を担うものですが、『奇妙な死刑囚』（アンソニー・レイ・ヒントン 著／ブライアン・スティーブンソン 序文／栗木さつき 訳／海と月社）では囚人自らが主体となって読書会を開催し、読書の力を実感する様子が描かれています。

世界中でますます広がる読書セラピー

ここで取り上げた以外にも、世界各国で読書セラピーの実践や研究が進められています。

韓国では読書会が盛んですし、大学の講座に読書セラピーがあります。中国では2008年の四川省で起きた地震の後、子どもたちの心のケアに金子みすゞの翻訳詩が使われました。

日本読書療法学会にも、これまでポーランドの研究者、マンガと読書セラピーを研究しているコスタリカの実践者、本の処方を研究しているオーストラリアの方、子どもを対象に不安の軽減や攻撃性の低下、自己肯定感の向上に読書セラピーを適用しているイランの実践者など、各国から情報をお寄せいただいています。

私が学会を立ち上げた2011年は、教えを請おうとした精神科医の先生から、「読書セラピーについて教えてほしい」と逆にお願いをされるような状態でした。しかし10年経った今、専門家の間では広く知られるようになりました。

でも一般の方の認知度はまだまだです。一人でも多くの方に「本の持つ力」の素晴らしさを知ってほしいと心から願っています。

第4章

読書セラピーでできること

読書セラピーのSPIRIT

読書セラピーについてまとめた本として、NFBPT*が発行しているトレーニングガイドがあります。

このガイドを主に執筆しているアーリーン・マッカーティ・ハインズは50代半ばで夫と子どもを相次いで亡くし、大きな喪失を経験します。生活上の理由から働き始めたのが、セントエリザベス病院の図書室でした。そこで働くことによって彼女自身も喪失から回復していくとともに、図書室の在り方も変わっていきました。薄暗く陰気な場所だったのが、彼女が患者に積極的に本をすすめていったことで、患者が集う明るい場所に変わっていったのです。*

アーリーンは療法的なことに関しては素人でしたが、図書室での自らの経験から読書を療法として活用したいと考え、精神科医のサポートを受けて研修プログラムを開発しました。NFBPTも彼女が立ち上げ、初代代表として就任しています。

NFBPT：The National Federation for Biblio/Poetry Therapy、2014年にThe International Federation for Biblio/Poetry Therapy、IFBPTに名称変更

このような図書室の在り方を描いた小説に『図書館ホスピタル』(三萩せんや／河出書房新社)、『お探し物は図書室まで』(青山美智子／ポプラ社)があります

彼女はベネディクト派のキリスト教徒で、この宗派では「レクティィオ・ディヴィナ」という「聖なる読書」「霊的読書」が行われてきました。つまり聖書の言葉を声に出して読み、そうすることで神様と対話をしてきたのです。そのような文化的背景があったことが、文学作品を療法に使うという発想のヒントになったといわれています。

アーリーンは読書セラピーによって左記のＳＰＩＲＩＴをもたらすことができると考えました。

S　Spirituality　スピリチュアリティ
P　Perception　認知
I　Insight　洞察
R　Relevancy　関連性
I　Integration　統合
T　Totality　全体性

《スピリチュアリティ》

これは、何か特別な宗教に準ずるものではありません。人生の中ですごく大きな悩みに直面したとき、これまで生きてきた人生の次元ではそれが解決できず、何か自分の力を超えたものによって解決されることがあります。何か自分の存在を超えた大いなるものを認識することです。

《認知》

禅では一つひとつの所作を重視して、日常の一つひとつの所作に悟りがあると考えます。それと同じように奇跡も何か特別なものではなく、日々の生活の一つひとつが奇跡なのだという捉え方を表しています。

《洞察》

たとえば詩を読むことで、普段見慣れたものに対しても違う捉え方ができるようになります。新しい側面が見えてくることで考えを深めていけることを表しています。

《関連性》

読書セラピーは読書を通じて行うので言葉を使いますが、どういう言葉が自分にとって響くのか、それを探していくことで自分の考えが見えてくることを表しています。

《統合》

自分の在り方と世の中の在り方や、自分の考えていることと自分が今やっていることがうまくバランスのとれた状態にあることを表しています。

《全体性》

スピリチュアリティや認知、洞察……と兼ね備えてくると人格が完成され、自分のことだけでなく周りのこともよく見えてきます。周囲の人の状態は今どうなのか、社会全体はどうなのか、地球全体はどうなのか、と全体に関心が及ぶようになることを表しています。

読書セラピーでできること

ここまで、主に読書セラピーにおけるメンタル改善という面での効果について述べてきましたが、能力開発や自己啓発という観点からさらに見ていきましょう。

読書セラピーによってできることは、大きく分けて4つあります。

①対応能力の改善
②自己理解の向上
③対人関係の明確化
④現実認識の深化

一つひとつ順番に見ていきましょう。

① 対応能力の改善

読書によって得られる精神的、想像的な刺激が、変化を促します。

たとえば風についての詩を読んだとします。落ち込んでいると周囲の状況に目が向かず、自分の悩みで頭がいっぱいになりがちです。それが、風についての詩を読むことで外の世界に意識が向くようになる。そんなシンプルな効果がまずはあります。

詩や美しい文章を読むことで美を味わい、喜びを経験すると、それまで自己の欲求にばかりとらわれていた状態から解放され、自己の統合が始まります。また、**読書は集中しなければいけないので、集中力を高める訓練にもなります。**

読書会であれば、どんよりした天気の日に読書セラピストが「今日はどんよりしているから、憂鬱な気分について話し合いましょう」と言えば、参加者は「こういう天気の悪い日に気分が沈むのは自然なことなんだ」と気づけます。さらに「ちょっと電気をつけましょうか」と電気をつけて明るくすることで、そういうときの対応方法も学べるのです。

落ち込んでいる方に対して気分の落ち込みを話題にする方法もありますが、逆にまったく関係のないことを話題にする方法もあります。

ある読書会で野球についての詩を読んだところ、参加者がたまたますごく野球好きで、試合を見たときの喜びや楽しみを思い出しました。その参加者はひどく落ち込んでいたのですが、野球にまつわる楽しみを思い出すことで、一時的にでも楽しい気持ちを思い出すことができました。落ち込みから完全に回復させようとするのではなく、ひとときでも楽しい時間を持ってもらうために、関心のある題材を取り上げることができるのです。

関係のないことから自分に引き寄せて読むこともできます。植物をテーマにした詩に「植物を育てたいなら手をかけすぎてはいけない。頻繁に土を掘り返したら、かえって植物は育たなくなってしまう」と書かれていました。これを読んだある女性は自分の人間関係に置き換え、自分が家族にこのような態度をとっていることに気づき、もっと家族の一人ひとりを信頼して少し離れて見守ろうと思うようになりました。

読書を通じて感情的な反応を引き出す際、ネガティブなものも含めて引き出して見ていくことで、そういう感情を持つのは弱いからではなく正当なことなのだ

と認められるようになります。

ある女性は読書会で大掃除を題材にした詩を読んで、配偶者を亡くした後の遺品整理を思い出しました。その話を参加者と分かち合い、つらかったのは当然だと認めてもらうことで、自分の感情を正当なものだと受け止められるようになりました。

② 自己理解の向上

読書によって、自分自身の状態を理解したうえで、自分に自信が持てるようになることがあります。

落ち込みがひどく、単純な反応すら示せずに引きこもっている場合があります。目の見えない方たちを対象にした読書会の際、読書セラピストが詩を読み上げ、詩の中に登場する鈴を参加者に手渡して触ってもらいました。ある男性はその音色や、革紐の手触りで鈴だと認識し、「僕も目が見えていたときには、こういうものを見たことがあった。ずいぶん昔のことだけど……」と話し出し、ジングルベルを歌いました。引きこもって全然人と話をしていなかった彼にとって、発言して歌うことはすごく大きな感情表現でしたし、こうして反応を示すことで自己肯定感を持てたのです。ほんの短い間でも楽しい思い出に浸れたことが、彼には大きな癒しになりました。

過去を再収集することでも自己肯定ができます。過去のつらかった経験を話し、周りの人から「つらいのは当たり前ですよ、よくがんばりましたね」という反応をもらうこともプラスに働きます。

また、読書会の場で自分の意見を表明することでも自己肯定ができます。特に薬物依存症やアルコール依存症の患者の場合、「私はこうだと思います」と自分の意見を述べることが治療につながるといわれます。

③ 対人関係の明確化

読書は、万人共通のものとしての感情を認識させてくれます。

私が『うつの世界にさよならする100冊の本』を出版した後、「実は、私も」とご自身のうつ病を打ち明けてくれる方が周りに多くいました。それまでは自分だけだと思っていたのが、こんなにいたのかと驚き、「ああ、みんなそうなんだな」と感じました。**人間が孤独になるのは、つらいことを経験し、しかも「こんなにつらいことを経験しているのは自分だけだ」と思うときです。だけど読書をすることで、登場人物が自分と同じような経験をしていたり、同じような感情を味わっていたりして、「こういうことは誰にでもあることなんだな」と認識できます。**たとえ登場人物がとった解決策が自分には当てはめられない場合でも、**登場人物が奮闘していたこと自体が力になります。**

また、読書では他者への思いやりも育成できます。

自分のことでいっぱいいっぱいだと、他者が自分のことをどう思っているか、どう気にかけてくれているかにまったく気づかないことがあります。

ある女性は精神疾患でずっと入院していました。長期的には家族のもとに帰る計画を病院側は作成していたものの、彼女自身はすごく心を閉ざした状態で、読書会に来ても全然話はしませんでした。あるときベティ・ウィルキンソンの「どうして彼らは?」という詩を読書会で読みました。「どうして彼らは?」と続いて、最後は「どうして私は?」で終わる詩です。読書会の最中は彼女に反応は見られなかったのですが、終わるときに読書セラピストのところにやってきて、「どうして私はこうなんだろう」とぽつりと言って帰っていきました。その直後、彼女は病院を自主退院して家族のもとに帰っていったのです。詩をきっかけに「どうして自分はこんなに家族の気持ちを受け止めてあげていなかったんだろう」と思い至り、すぐに行動に移したのです。彼女の中で何かに火がついたのでしょう。一編の詩が行動を変えた一例です。

④現実認識の深化

読書によって、社会的、心理的、感情的現実に向き合う力を得られます。

実存的な問題、人生の基本に関わる問題に突き当たることがあります。人生はときには不公平で不公正なものだ、最終的には痛みや死から逃れることはできない、どれだけ他者と親しくなっても結局は自分一人で人生に向き合わなければいけない。自分は生と死の問題に向き合って些細なことに巻き込まれないようにしながら、できるだけ正直に自分の時間を意識して生きていかなくてはいけない。どれだけ他者から支援や助言をもらえたとしても最終的には自分の人生は自分が責任を持ってやっていくしかない、などなど。そういうことを考える際にも、読書は力を与えてくれます。

この4つは、互いに関連しています。現実認識が深化することで対応能力も改善されますし、自己理解の向上や対人関係の明確化にもつながります。

この4つを読書セラピーの目標として掲げることができますが、この目標は数量化できません。先ほどの「どうして私はこうなんだろう」と家に帰っていった女性の例にしても、それまで反応がなかったわけです。読書会でそれらしい反応を見せていてそれが行動につながったのならまだわかりますが、そうではありません。逆に読書会の最中にはいろいろと反応があるのに実際の行動は全然変わらない参加者もいるので、そのあたりは読みづらいものです。

ある女性は、いつも不機嫌で敵対的な様子で参加していましたが、あるとき、黒人のための銀行設立が話題に上ると、自分がかつて預金をしようとしたときにいかに大変だったかを一気に話し出しました。それ以降も自分の関心のある話題についてては積極的に発言するようになったのですが、そこに至るまでに1年半の時間がかかっています。やはり、反応を予測したり数量化したりするのは難しいのです。

目標は尽きることがありません。これで終わりという到達点があるわけではないのです。療法的に行う場合、すごく落ち込んでいる気持ちが和らぎ、みんなと話ができるように、と目標設定をして区切ることはできますが、読書セラピーは継続的な人格の成長を目標としているので、その意味では終わりがありません。

目標に照らして自分の抱えている問題点が明らかになることもありますが、目標はそういう問題点を突きつけるためのものではなく、どうやって強みを活かすかを目指すものなのです。

第5章

もっと読書セラピーを知りたいあなたへ

Q&A

読書セラピストの資格はあるの？

イスラエルでは国家資格ですが、それ以外の国では任意団体の資格となっていて、長期間の研修が必要なものから数日で取得できるもの、オンライン受講が可能なものなどさまざまです。

なお、日本読書療法学会では特に資格は授与していません。設立当初は読書セラピストの育成を念頭に置いていましたが、読書セラピーについて知れば知るほど、相当なトレーニングが必要なことであり、軽々しくはできないと思うようになりました。

資格にしてしまうと、「その資格取得を通じてきちんと勉強したい」という方だけでなく、「とにかく何か資格を取りたい」「その資格で手っ取り早く儲けたい」という方も集まるようになります。そうすると、読書セラピストの方向性とは真逆になってしまいます。

読書セラピーについてのニーズも多様で、本選びの参考にしたい方から執筆など創作活動に活用したい方、研究論文に引用したい方、カウンセリングや治療に役立てたい方、読書会に活かしたい方、うつ病からの回復に役立てたい方など、それぞれです。そのため、勉強会などの資料をすべて公開し、各自に活用いただける情報を提供していくことを主眼にしています。

精神科医や心理カウンセラー、文学教師、ソーシャルワーカー、司書、書店員、読書会主催者など、**読書セラピーと認識せずとも、すでに実践している方も多い**ことでしょう。よりよい実践のために日本読書療法学会の情報を活用していただければと思います。

Q&A 絵本を読むと癒される気がするが絵本の読書セラピー効果とは？

お疲れの方の場合、文字が詰まった状態を目にすると余計に疲れを覚えます。そのため、文字の少ない絵本の体裁自体がほっとさせてくれるのでしょう。

色彩に触れること、つまり美に触れることで生きる活力が得られることもあると思います。何かを見て**「美しいなあ」と感動したときと、飲食など生存に不可欠な行為をしたとき、脳の中で活性化する領域は同じ**だからです。*

絵本は一つのテーマを扱っていることが多いので、あれこれ気が散らずに集中しやすいことも、雑多な情報に振り回されがちな日常生活から守ってくれるのではないでしょうか。

特に子ども時代に読んだ絵本を再読する場合は、当時の懐かしい幸せな記憶をふたたび味わうことで癒されるのでしょう。

＊141ページをご参照ください

Q&A

食べ物を扱っている文章を読むと心が落ち着く。何か効果があるの？

風景描写などに比べて、食べ物の描写に触れると視覚だけでなく味覚や嗅覚も刺激されますし、それだけ読書体験に没入しやすいのではないでしょうか。五感が刺激されることで脳が活性化され、精神的にもよい影響があるのでしょう。

また、食べ物の記憶はご本人にとって好ましい体験と結びついていることが多いものです。その記憶が思い出されて落ち着くのだと思います。

Q&A

忙しくて読めないのについジャケ買いして積読本が溜まって罪悪感が……どうすれば？

逆に積読本があることでなんとなく気持ちが安心するのはなぜ？

罪悪感につながってしまう方は、「本は隅から隅まで読まなくては」という強迫観念に近いものをお持ちなのかもしれません。今関心のある箇所をパラパラと眺めるだけでもいいのです。**本の存在自体が刺激を与えてくれるものなので、積読も読書の一つの形だと思います。**

それに、買っておくと、図書館で借りた本とは違ってやはり読むのです。それは購入後何年も経ってからだったりするのですが、自分のタイミングで、ふさわしい時期に読めるのだと思います。積読は、最適なタイミングがくるまで熟成させるようなもので、ワインボトルを寝かせているようなものだと捉えてみてはいかがでしょう。

私も未読の本が常時100冊以上ありますが、「家に図書館があるみたいですね」と言われてから、積読本の存在を好ましく受け止められるようになりました。読むペースが速い方の場合などは、「在庫」がないとかえって不安になってしまうために、積読本が安心材料になるのでしょう。

Q&A

読みすぎの弊害は？

目が疲れるほか、これは私が執筆や翻訳を仕事にしていることもあるでしょうが、常に言語脳を酷使しているので脳疲労を覚えます。また、本が部屋を占領して、本棚だけでなく引き出しの中もいつの間にか本に侵食されていく……といったことがあります。

　個人的に感じているのは、人づきあいが悪くなることでしょうか。本棚の中には孔子のように立派な人物から夏目漱石のように悩みに共感してくれる存在、愛すべきダメ人間まで、魅力に溢れた人物が勢揃いしています。おまけに、読書は著者や登場人物の人間性に素手で触れるような行為です。実際の人づきあいでは、そこまで深い交流がそうそうできるわけではありません。そうするとどうしても読書のほうに走ってしまうことがあります。とはいえ、そういう読書をしているからこそ出逢える方もいます。**読書は人間関係の質を劇的に変えてくれるのです。**その利点は、弊害を補って余りあると思います。

　多読だとインプットが大量になるので、アウトプットをしたくなるということもあります。弊害と呼ぶかどうかはわかりませんが、読者では飽き足らずに書き手に回るケースも多いでしょう。

第２部

読書セラピー《実践編》

何を読む？　どう読む？
これから始める新しい読書習慣！

読者の権利
10カ条

1カ条　読まない

2カ条　飛ばし読みする

3カ条　最後まで読まない

4カ条　読み返す

5カ条　手当り次第に何でも読む

6カ条　ボヴァリズム
（小説に書いてあることに染まりやすい病気）

7カ条　どこで読んでもいい

8カ条　あちこち拾い読みする

9カ条　声を出して読む

10カ条　黙っている

『奔放な読書』（ダニエル・ペナック 著／ 浜名優美、木村宣子、浜名エレーヌ 訳／藤原書店）より

第6章

何を読もう？
本の選び方

どうやって本を選べばいい？

あなたはいつもどんなふうに本を選んでいますか？　タイトルでしょうか？　著者でしょうか？　テーマ？　デザイン？　それとも、ベストセラーだから？　人にすすめられたからかもしれません。「本を選ぶ」とひとことでいっても、いろいろな基準があります。

たとえ同じ本でも、そのときの精神状態や体調で受け取り方は変わります。では、「今の自分」にぴったり合う本は、どのようにして見つければいいのでしょうか。

ここでは、私が実践している選書術をご紹介します。

自分に合った本を自分で処方することができるようになれば、あらゆる困難を乗り越えるための力を得る術《すべ》を手に入れることができます。

ここで紹介する選書術を基に、あなた独自の選書術をつくり出していってください。**自分で選んだ、今の自分にピッタリな本は、必ずやあなたの大きな力になってくれます。**

①ビビッときた？――シンクロニシティ選書術

本を選ぶとき、私がもっとも頼りにしているのがシンクロニシティです。シンクロニシティとは、意味のある偶然の一致のこと。「しばらく会っていない友人のことを思い出していたら、その友人から電話がかかってきた」という経験はないでしょうか。これがシンクロニシティです。

一見、怪しい話と思われるかもしれませんが、これにはきちんとした心理学的な根拠があります。

私たちは日常生活の中で「意識」の世界ばかり重視していますが、「潜在意識」というものがあります。両者を合わせて１００パーセントとすると、意識の世界は5から10パーセントに過ぎないといわれます。それに対し、潜在意識は90から95パーセントと圧倒的に大きいのです。この**潜在意識は、私たちが求めているものを探し出してくれる高度な検索エンジン**のようなもので、**シンクロニシティという形で必要な情報を差し出してくれる**のです。意識に頼ってあくせく探すよりも、圧倒的に大きな潜在意識を活用したほうがいいと思いませんか？

シンクロニシティは、求めているものにアンテナを立てると発生しやすくなります。

以前、「ブックガイド的な本が読みたい」と思いながら電車に乗ったら、目の前に座っていた女性が読んでいた本のタイトルがなんと、『心と響き合う読書案内』（小川洋子／PHP新書）！　まさにうってつけの本でした。こういう現象が起こりやすくなるのです。

「こんな本に出逢いたい」とアンテナを立てることです。「自分と同じ悩みを抱えた主人公が登場する小説を見つけたい」「人間関係を改善するヒントをくれるエッセイに出逢いたい」という具合に。まだそこまで自分の求めるものが具体化できていないという方は、「心が軽くなる本に出逢いたい」でもかまいません。まずは、自分の思いを放つことから始めてみましょう。

② 気持ちに寄り添う――同質の原理選書術

音楽療法に「同質の原理」というものがあります。たとえば、落ち込んでいるときには、あまり元気な曲よりも静かな曲のほうが心に寄り添ってくれます。逆に、元気なときには静かな曲よりもアップテンポな明るい曲を自然と聴きたくなるものです。このように、私たちは自分の精神状態に合ったものを好みますし、気分に合う曲を聴くことで心が癒されていきます。

同じように、どんな本を選ぶかで自分の精神状態も見えてきます。**落ち込んでいるときはやはり暗めのトーンのものや重い内容のものを手に取りますし、気力が充実しているときは、自己変革や精神修養を説く積極的な内容のものを手に取ります。また、疲れていると文字が少ないものやマンガなど読むのがラクなものを選びがちです。**

読者をあおってやる気にさせるタイプの自己啓発書などは、元気なときなら刺激を受けてがんばろうという気になれますが、疲れているときに読んでも余計に疲れてしまうだけでしょう。そんなときは、優しく励ましてくれるような本を読むといいでしょう。**自分の精神状態に合ったものを取り入れることが大切です。**

ただ、落ち込んでいるときに重い内容を読むのはいいのですが、それを続けるとかえって落ち込んだ状態から抜けられなくなることもあります。以前、私も気分が沈んでいたときに「死」をテーマにした本ばかり集中して読んだのですが、思考が死から離れられなくなってしまう弊害がありました。また、著者が自殺しているような場合は、その思考に引きずられてしまう可能性もあります。

音楽療法では、静かな音楽をひとしきり聴いたら陽気な曲へと少しずつ変えていきます。同じように、読書の場合も、少しずつ引き上げていくことを意識してみましょう。

落ち込んでいるときの対処法として私のおすすめの一つは、**「お気に入りのマンガの一気読み」**です。**主人公が成長していくタイプの作品で、ある程度の長さのあるものを集中的に読む**のです。主人公と自分を同一視して重ね合わせ、その成長を追うことで自分も成長していくようなカタルシスが得られますし、主人公の挑戦に力を得て精神状態も高まっていきます。

私が実際に活用してきたのは『ピアノの森』（一色まこと／講談社）です。違法営業の風俗店が立ち並ぶようなひどい環境の中で育った主人公が、ピアノの才能を見出されて世界の舞台で活躍していく物語です。もちろん紆余曲折はあるものの、基本的には右肩上がりの成功をしていくので、そこから力をもらうことができるのです。

また、**落ち込んでいるときは、あえて関係ない本を読むという方法もあります。**

知人の女性は、精神的につらかったときに家電製品の取扱説明書などのマニュアルを読んでいました。「次に電源を入れます。上部のボタンを押します」といった単調さが催眠のようで心地よく、救われたそうです。

私も、落ち込んだときに『古今黄金譚』（林望／平凡社新書）を読んで元気になったことがありました。「古典の中の糞尿物語」というサブタイトルが示す通りの内容なのですが、あえて自分の悩みとは何も関係ないものを読むほうが、その悩みに関するものを読むよりも精神状態をよくしてくれました。子どもが排泄についての話が大好きなように、排泄という人間の基本的な営みに関する内容がエネルギーをくれるということもあったのでしょう。

『ミニチュア作家』（ジェシー・バートン 著／青木純子 訳／早川書房）の著者は、同書が世界的にヒットしたことで精神的なバランスを崩した際、『チューダー王朝弁護士シャードレイク』シリーズ（C・J・サンソム 著／越前敏弥 訳／集英社文庫）を読んでいたそうです。ハラハラドキドキの展開に自分の不安を忘れて没頭でき、しかもシリーズ物なので、どんなに危険な展開になっても主人公は絶対に助かるとわかっていたことも、安心して読める理由になったそうです。**落ち込んでいるときにバッドエンドの作品だとダメージを受けてしまうこともあるので、その点でシリーズ物は安心感があります。**

★比較にご注意！

本を読むことは、著者や登場人物を自分の中に住まわせることでもあります。だから、あえて「自分に取り入れたい要素を持っている作品を選ぶ」ことで、自分を変えていくこともできます。たとえば、「自分は決断力がなくていつもチャンスを逃してしまう」と悩んでいるなら、「判断に迷いがなくて、次々にチャンスをつかんでいく主人公」の作品を選んでみる。あるいは、「人の欠点ばかり目についてしまう自分の性格が嫌」ならば「人の美点を見つけ出して輝かせるのが得意な主人公」の作品を選んでみる、という具合です。

ただし、落ち込んでいるときにやるのには、注意が必要です。比較をしてしまうからです。人はどうしても他人と自分を比べてしまう生き物ですが、**落ち込んでいるときは自分の欠落した部分に焦点が当たりがち**なので、気をつけましょう。

以前、『人生論としての読書論』(森信三/致知出版社)を読んでいて、挫折したことがあります。著者の森信三氏があまりに立派なので、自分と比較して落ち込んでしまったのです。読書論というよりも読書道と呼ぶのがふさわしい求道的な内容で、「読書って、こんなに大変なことだったのか!」「世の中にはこんなに立派な方がいるのに、自分は……」と、どんどん落ち込んでしまいました。元気なときに立派な方の本を読んで感化されるのはいいのですが、比較して落ち込んでしまうこともあるので、自分の波長に合ったものを選ぶことが大切です。

逆に、落ち込んでいるときに励まされるのは失敗談のほうです。それも、世間的には成功者と思われている方の失敗談を読むと、「こんなに活躍している方でもこんなことがあるのか」とラクにしてもらえるものです。

どくとるマンボウシリーズで著名な作家で精神科医の北杜夫さんは、躁うつ病がひどかったことでも知られます。斎藤由香さんの『パパは楽しい躁うつ病』（北杜夫、斎藤由香／新潮文庫）を読むと、うつ病のときには本当に廃人のようになっているのです。ベッドに横になった姿の写真もありますが、周囲に物が散乱し、ごみ屋敷のような状態。それを見ると「こんなにダメダメでもいいいんだな」とかえって安心できるのです。

③まさにひとめぼれ——装幀選書術

「ジャケ買い」というように、本のカバーデザインやイラストに惹かれて選ぶこともあるでしょう。**これはとても賢い選び方だと思います**。なぜなら、装幀も一つの「言語」だからです。その言語で本の内容を伝えてくれているので、装幀に惹かれたのなら内容にも惹かれる可能性が高いのです。

実際、装幀家の菊地信義さんは著書『新・装幀談義』（白水社）の中でこう述べています。

装幀とは、言葉で表出された作品の印象を、本の材質や文字の姿、色調や図像でとらえ、構築する。人の目や手に届ける批評でもある。作品に紙や文字の注文など書かれていないが、作品が読む者の内から、文字や色の印象をすくいあげてくれる。装幀者に必要なことは、構築する要素の豊かな知識と、それが人にもたらす意味や印象を深く理解することだ。

このことを強く感じたのは、『白い花と鳥たちの祈り』（河原千恵子／集英社）という小説を読んだときです。装幀の醸し出すたたずまいに惹かれたのがきっかけで読み、世界観に強く魅了されました。読後に再度装幀を眺めて、「この作品の世界観をこんなに的確に装幀で表現できるなんて！」と驚いたのです。登場人物や作品中のモチーフを用いているわけではないのに、作品世界と装幀がぴったり重なるのです。

感覚的なものを活かしやすい選書術なので、頭で考えて選ぼうとするよりも、自分にしっくりくるものを見つけやすいでしょう。

④ピッタリくる――呼吸選書術

書き手の呼吸を意識すると、自分に合った本が見つけやすくなります。句読点の入れ方や文章の長さがしっくりくるものは、すんなり読み進められるはずです。逆に、「どうしてここで読点を入れるんだろう」と納得がいかなかったり、「一文が長すぎて読みづらい」と感じたりするものは自分に合わないので、読書セラピーとしては向いていません。

また、語り口も考えてみましょう。ぽつりぽつりと語るのが好きな方が饒舌な文章を読んでも、自分の身体感覚とのズレがあるのでしっくりこないでしょう。饒舌な方なら、普段の自分のおしゃべりの延長のように楽しめるでしょうし、逆に、淡々とした語り口は味気なく感じるのではないでしょうか。**本を手に取ってパラパラとめくってみて、文章のリズムや一文の長さなど、著者の呼吸を感じてみてください。**

私は基本的には、呼吸が短めで各文の長さも比較的短いほうが好きです。それでも、たとえば松浦寿輝さんの『人外』(講談社)のようにプロの技巧と計算に裏打ちされた美しい長文なら、そこに心地よさを覚えます。同じ作家でも作品によって文体を変えることもありますので、呼吸の合う作家を見つけたら、その著者の他のスタイルに触れることで、好みの幅も広がります。

⑤川端、三島、どっちが好き？——字面選書術

どれだけ開いているか、つまり漢字ではなくひらがなにしているかも、選書の一つのポイントです。「一番」「嬉しい」「丁寧」などを「いちばん」「うれしい」「ていねい」と表記しているかどうかです。私は開いているほうが好きなので、パッと見たときの字面で「開いているな」と感じると、その本を選びます。川端康成が好きか三島由紀夫が好きかといった好みの問題で、三島由紀夫が好きなタイプなら閉じている、つまり漢字表記が多いほうを選ぶでしょう。

あえて自分に合わないほうを選ぶのも読書の幅を広げるにはいいのですが、**読書セラピーとしては、やはり好きなほうを読むのがいいでしょう。**

プロ意識の高い作家ほど、字面の美しさに気を配っています。何字×何行というスタイルに合わせて、ページにきれいにおさまるように、たとえば一つの単語が行をまたいで読みづらくならないように言い換えるなど、あらゆる工夫をして

いるのではないでしょうか。

生きる力を活性化してくれるのではないでしょうか。

⑥本から本へと興味をつなぐ——芋づる式選書術

本は、次の本へとつながっていくものです。ブックガイドであれば、その中に紹介されている本で興味を惹かれたものを次に読んで興味をつないでいけます。作品中に登場する本や参考文献を読むのもそうです。また、本の中で話題になった事柄や人物に関することを芋づる式に読んでいくこともおすすめです。自分の中で興味、関心が高まっているので、その本を読むハードルが下がるからです。好きな人物や分野から関心をつないでいくのも、ハードルを下げてくれるアプローチです。

たとえば、私はピアニストの牛田智大さんのファンなので、ピアノのことをもっと知りたいと思いました。そこで最初に手に取ったのが、牛田さんも好きだという『ピアノの森』*です。ピアノを例に、このマンガから本がどうつながってい

*『ピアノの森』：122ページをご参照ください

くのかを見てみましょう（132ページに図で流れを紹介しています）。

まず、ここからピアノ調律師の少年を主人公にした『羊と鋼の森』（宮下奈都／文春文庫）へとつながります。同じく調律師を主人公にしたマンガ『ピアノのムシ』（荒川三喜夫／芳文社）。そして絵本『ピアノ調律師』（M・B・ゴフスタイン 著／末盛千枝子 訳／現代企画室）。さらには小説『パリ左岸のピアノ工房』（T．E．カーハート 著／村松潔 訳／新潮社）。ピアニストへの興味から個性派ピアニスト、ヴァレリー・アファナシエフの『ピアニストは語る』（講談社現代新書）、そして『ピアニストの脳を科学する――超絶技巧のメカニズム』（古屋晋一／春秋社）……という具合に、小説や絵本、自伝、脳科学の本へとジャンルも広がっていきます。

脳科学の本は、最初に接していたら難しく感じて敬遠していたかもしれませんが、マンガに始まったピアノへの関心からつながったことで、興味深く読むことができました。

『ピアニストの脳を科学する——超絶技巧のメカニズム』
古屋晋一
春秋社

『ピアノの森』
一色まこと
講談社

『ピアニストは語る』
ヴァレリー・アファナシエフ
講談社現代新書

『羊と鋼の森』
宮下奈都
文春文庫

『パリ左岸のピアノ工房』
T.E.カーハート 著
村松潔 訳
新潮社

『ピアノのムシ』
荒川三喜夫
芳文社

『ピアノ調律師』
M・B・ゴフスタイン 著
末盛千枝子 訳
現代企画室

装幀も芋づる式でつながっていきます。たとえば、『夢学（ユメオロジー）』（パトリシア・ガーフィールド 著／花野秀男 訳／白揚社）という本を読んだのがきっかけで、同じルソー作品を装幀に使っていた小説『楽園のカンヴァス』（原田マハ／新潮文庫）を読みました。すると、絵画にまつわる謎解きが面白くて夢中になり、他の原田マハさんの作品へとつながっていきました。

『夢学（ユメオロジー）』
パトリシア・ガーフィールド 著
花野秀男 訳
白揚社

↓

『楽園のカンヴァス』
原田マハ
新潮文庫

一つのジャンルに読書が偏りがちな方は、こうして芋づる式で読み進めていくと、ジャンルの壁を軽々と越えていけるでしょう。

装幀家や翻訳家から芋づる式につないでいくのもおすすめです。作家の場合よりも、ジャンルが多岐にわたることが多いので、それを追っていくことで読書も深まっていきます。*

⑦何事にもあらまほしきは先達なり——先達選書術

人と一緒に書店に行くことで新しい発見があります。**普段自分が関心を持たない棚にも関心が広がり、違う視点を得られるのです。**本に詳しい方や特定の分野に詳しい方がいたら、ぜひ一緒に行ってみてください。

絵本のソムリエをしている友人の岡田達信さんと絵本専門店「クレヨンハウス」に行ったときのことです。

岡田さんはそこにある大量の絵本をほぼすべて把握しているので、「これはこういう絵本だよ」と教えてもらうことができました。内容だけでなく、その構成

*『翻訳者による海外文学ブックガイド BOOKMARK』（金原瑞人、三辺律子編／CCCメディアハウス）では、翻訳家が自分の手がけた作品を解説していますので、ここからたどっていくのもいいでしょう

や特徴など作り手の工夫まで知ることができ、一冊一冊への理解が深まりました。また、「この作家にはほかにこんな作品があるよ」「同じテーマで違う作家のこんな作品があるよ」と教えてもらい、彼の持っている「文脈」を分けてもらうことができたのです。

私一人で行っていたら、きっと絵本の羅列にしか見えなかったでしょうが、詳しい方と行くことで新しい世界が構造的に立ち上がってきたのです。

そんな話がマンガ『草子ブックガイド』（玉川重機／講談社）にも登場します。舞台となる古書店に、ある若い男性が訪ねてきたときのことです。彼は西行のことを知りたくて、店内にある西行の本を見せてもらうのですが、読んだことのあるものばかりでした。そう告げて店を出ようとすると、「少し時間をもらえますか?」と言って店主が西行の棚を作るのです。『山家集』を起点に、そこから順に読んでいくと、既読の本も違う位置づけで読めるようになっていました。おかげで男性は新たな視点で西行を知ることができたのです。

実際にこうやって詳しい方に案内してもらうことで、単なる本の羅列ではない世界観に出逢えるのです。身近に本に詳しい人がいなくても、さまざまなブックガイド*や新聞や雑誌の書評欄、各種のサイトやSNSなどで見つけることができます。その書評の文章を読みながら、自分と好みが合いそうかどうかを見てみましょう。

人の好みは千差万別ですので、著名な書評家が大絶賛している本でも、自分にはまったく受けつけられないことも当然ながらあります。好みが合いそうなら、実際に紹介された本を読んでみましょう。それが気に入れば、その書評家がすすめる作品をチェックするようにしましょう。

素人にも多読な方はいますが、プロの書評家との違いの一つは、圧倒的な読書量です。素人の方が紹介する1冊の本の背後にあるのが1冊だとしたら、プロは背後に100冊あるようなもの。その読書量を背景にした文脈を持っているので、「この本はこういう位置づけにある」と的確に把握できるのです。そしてもう一つの違いは、尋常ではない書物愛でしょう。それがあるからこそ、その本のよさを選りすぐりの言葉ですくい出して届けることができるのです。

ブックガイド：読書セラピーの観点からは『文学効能事典』が翻訳されているほか、『絶望に効くブックカフェ』（河合香織／小学館文庫）、『副作用あります!? 人生おたすけ処方本』（三宅香帆／幻冬舎）、『絵本処方箋』（落合恵子／朝日文庫）などがあります。前述の拙著『うつの世界にさよならする100冊の本』は、うつに悩む方向けのブックガイドです。出版当時、探し求める気力のないうつの方でも入手しや図書館もそれぞれにテーマを設けて選書をし、館内で展示するほか、公式サイトで選書を公開しています。充実具合は各館によって異なりますが、悩みに寄り添うような選書に力を入れているところもありますし、一度覗いてみてはいかがでしょう。その地域の歴史にまつわる本やその地域を舞台にした本を紹介していることも多くて関心を持ちやすいですし、社会情勢や時節に合わせたテーマの選書もあります。普段目にすることのない書籍を手にして、興味を広げることができるかもしれません。

新たな世界に触れることで、これまでになかった視点を得ることができるため、心が晴れやかになったり、前向きに行動する意欲が湧いたりすることもあるでしょう。

各地で開催されている読書会に参加することも、読みを深め、本との出逢いを提供してくれます。同じ本でも、参加者の感性や人生経験によって解釈や注目する箇所も違うので、視野を広げてくれます。作家や翻訳家が開催する読書会もあり、自身の作品を取り上げることもあるので、参加してみるのもいいのではない

すいことも基準に選んでいるので、現在では入手しづらくなったものもあります。そこで、その後に刊行された書籍の情報を付け加えて第2回日本読書療法学会勉強会でお伝えしていますので、そちらの資料と講義録もホームページのセミナー情報欄からご参照ください

でしょうか。公式サイトやSNSで告知されますので、情報をチェックしてみるといいでしょう。

哲学カフェも読書会と親和性が高いと思いますし、本をテーマに開催されることもあるようです。

著者を招いて作品について詳しく話を聞くイベントを開催する書店も増えていますし、オンライン配信によって参加しやすくなっています。書店の公式サイトやSNSのほか、イベント告知サイトでも情報を見つけることができます。

書店の棚も、「この本を買うお客さんにはこの本も読んでほしい」という書店員さんの思い*が反映されています。POPだけでなく、**棚の本のならびを見ながら書店員さんと対話するようにして本を探す**ことでも、自分に合った本が見つけやすくなります。

「1万円選書」のような書店の選書サービスを活用することもできるでしょう。北海道のいわた書店が始めたことで有名になり、同様のサービスを提供する書店も増えています。

* 書店員さんの視点や思いは『スリップの技法』（久禮亮太／苦楽堂）、『本を売る技術』（矢部潤子／本の雑誌社）に詳しいです

心の状態に合わせた「7つのステップ」

基本的に、読む本は、先に紹介した選書術で好きなものを選べば間違いはありません。ただ、同質の原理選書術でお話ししたように、自分の気持ちの状態によっては、読むことが難しい本もあります。私自身、本当にうつの症状がひどかったり、極度に疲れてしまっていたときには、文字を読むことができませんでした。

そのため、ここでは落ち込んでいる状態から元気になるまでのプロセスに沿って、どういう精神状態のときにどういう本を読むといいかを「7つのステップ」としてお伝えします。

7つのステップ

①美と休養
②「ちょっとずつ」と記録
③心理学と自己認識

④想像力とモデリング
⑤言葉と潜在意識
⑥スピリチュアルとシンクロ
⑦仏教

それぞれのステップについては順にお伝えしますが、中には重なり合う部分もあります。たとえば、「③心理学と自己認識」とありますが、心理学を学んでいくうえで「⑤言葉と潜在意識」や「⑥スピリチュアルとシンクロ」が関わってきますので、必ずしも厳密に区分けができるものではありません。

また、このプロセスを一直線に進むわけでもありません。元気になったと思っても、また疲れたら最初に戻ってしまうこともあるでしょう。定まらないのが人の心の自然な在り方ですから、それでいいのです。自分が今どんな精神状態にあるのかを判断する、一つの目安にしていただければと思います。

それでは、各ステップの精神状態と、その段階で何を読むといいのかを見ていきましょう。

① 美と休養 ―― 写真集

生きる気力もないくらい疲れてしまっている時期です。こういうときは処理能力が大幅に低下しているため、たとえば入浴や着替え、洗面など日常生活での基本的な行為すらおっくうになってしまいます。

忙しくて疲労が溜まってくると、自分の環境を整えたり身なりをきれいにしたりするところから手を抜いてしまいがちですが、身なりをきちんとすることや、きれいにしておくことは、精神状態に強い影響を与えているのです。

脳科学者の茂木健一郎さんによれば、食事などの生存に欠かせない行為をするときに活性化する脳の領域と、美しいものを眺めて「きれいだなあ」と感動して活性化する脳の領域は、同じだそうです。美は生存に直接関わるものではなく、余裕のあるときに楽しむものと思われがちですが、実はすごく密接に関係しています。**精神的に疲れているときには脳の活動が低下していますが、美しいものを見ることで活性化します。**美には大きな力があるのです。

この時期にはまだ文字を追うことができないので、読むというよりも、写真集などを眺めるといいでしょう。空の写真集や海の生き物の写真集など、自然を扱ったものが心に潤いを与えてくれます。実際に自然の中に出かけられればいいのですが、そもそもこの時期には外に出かける気力がないものです。そんなときに**本を通して自然に触れ、美しいものに触れることで力をもらえます。**

ただ、ときには色を受けつけない場合もあります。処理能力が低下しているときには多くの要素に対応できないので、色が多すぎると対応できずに具合が悪くなることがあるのです。そんなときは、禅的で静かなもの*を眺めると精神に落ち着きを取り戻せます。

「美」と、もう一つのキーワードが「休養」です。心と体は関係しているので、体が疲れていると、つられて精神状態も落ちていってしまいます。体を休めると精神的にもある程度余裕が生まれるので、この時期には意識してみてください。

* マイケル・ケンナの写真集などがおすすめです。モノクロで構図もシンプルで、要素が少ないから混乱しないですみます

②「ちょっとずつ」と記録――エッセイ集・詩集・絵本など

元気なときの自分と疲れた自分を比べると、ギャップに落ち込んでしまいます。あれもできなくなった、これもできなくなった、と失ったものばかり目について喪失感があるでしょう。

そんな時期には、「やさしい本」を読むことをおすすめします。語り口がやさしいというだけでなく、文字が大きかったり、余白がたくさんあったりして読みやすい本です。この段階では、まだあまり文字を読めないので、ページを開いたときに文字がいっぱいあると、それだけで圧倒されてしまいます。だから、できるだけ文字数の少ないものを選ぶといいでしょう。

たとえば、「ありがとうと言いましょう」とか「靴を揃えましょう」といった、些細な生活習慣を扱った軽めのエッセイです。そしてちょっとずつ、生活の中でできることを増やすように心がけてみてください。

陽の光を取り入れるなど、生活の改善につながることが見開きに1項目で紹介された本なども、生活を整えていくのに役立ってくれます。**片づけやそうじの本も、読みながら少しずつ片づけをして生活環境を整えていくと、精神的にも疲れにくくなっていきます。***

*50ページをご参照ください

生活の改善と合わせてこの時期におすすめしたいのは、記録をとることです。生活の記録や、できるようになったことの記録です。精神状態の回復を「見える化」しておくことは、今後の励みになってくれるでしょう。

③ 心理学と自己認識――自己啓発書*・心理学書など

自分のことについて思い悩むこの時期に心理学の本を読むと、自分の考えにはどんなパターンがあるのかわかるようになります。

たとえば、私の場合は「極端思考」というパターンがありました。何か嫌なことがあったり、うまくいかないことがあったりしたときに、こう考えるのです。「私は海外生活が長かったから、日本でやっていくのは難しい。やっぱりこの国では生きていけない」。ちょっとつまずいただけなのに「この国では生きていけない」と、すごく極端に思考が飛んでしまうのです。こういう思考のパターンに気づき、それに名前がつくことで、自分の中で整理できるようになります。

人間関係や仕事に対する捉え方など、人には知らず知らずにはまっている考え方のパターンがあるものですし、それが落ち込みの原因になっていることも多いものです。それに気づかせてくれる心理学系の本を読むことの意義は大きいと思います。

*自己啓発書：中でも『ソース』（マイク・マクマナス 著／ヒューイ陽子 訳／ヴォイス）は、私が真っ赤に書き込みをして読んだ本です。ビジネスの世界では「意思決定は素早く」とされますが、本書では「その気になるまでぐずぐずしているのはいいことだ」とされ、逆説的な教えが多くて衝撃的でした。一貫するメッセージは、「自分を大事にすること」で、考え方に大きな影響を受けました。また、『「原因」と「結

心理学の行動療法や論理療法、認知行動療法の本のほか、これらの要素を取り入れた自己啓発書もいいでしょう。ファンタジー小説仕立てやビジネス書仕立てなど、あらゆるタイプの自己啓発書がありますので、好みに合うものを探してみてください。

自己啓発書には、身の回りになかなか見つけられないメンター的な存在に出逢える新鮮さがあります。

職場の中だけでは、どうしてもその価値観に知らず知らずのうちに染まっていくものです。上司に恵まれないこともあるでしょうし、狭い人間関係の中で、尊敬できる人物を見つけられないことも多いでしょう。だけど**本の中でなら、たとえいくらお金を積んでも会うことのできない相手と、膝を突き合わせて対話ができるのです。そして相手の視点を手に入れることができます。**この「視点」はとても大切です。もし経営者の著作を読んで経営者の視点を手に入れられれば、たとえ一従業員だとしても、経営者と対等に話ができるからです。惚れ込めるようなメンターを見つけたら、実際に会う機会をつくって交流していくのもいいで

果」の法則』（ジェームズ・アレン 著／坂本貢一 訳／サンマーク出版）は自己啓発書の中でも定番の本です。人間は、うまくいかないと「環境がよくないから自分は不幸なんだ」と周囲を責めることに注意が向かってしまいますが、そうではなく、自分の内面を整えることが大事だと教えてくれます。詩のような文章も受け容れやすいのではないでしょうか。文章がきれいだと、それを読むことで自分の心が整えられる部分があるので、その意味でもよかったです

しょう。人間関係の質を変えてくれますし、相手にとっても、自分の著作を読んでいるということは自分と時間をとって対話をした相手に等しいので、交流がしやすいのです。

自己啓発書には、即効性もあります。書いてあることを実際にやってみることで変化を感じられるでしょう。ただ、根深い考え方を変えていくのは時間がかかりますし、いいと思っても人間はすぐに忘れてしまうものです。新しい考え方が自分に浸透するまで繰り返し再読したり、同種の本を読んだりするといいでしょう。また、特に取り入れたい箇所を書き写したり、読み上げて録音して繰り返し聴いたりするのも効果があります。

最近は問いに答える形のワークブック形式の書籍などもあります。②の段階で、自分の精神状態を見える化することについて述べましたが、この段階でさらに自分の考えを深めていくことができます。

④ 想像力とモデリング――エッセイ・ビジネス書・自伝など

自分が「こうなりたい」と憧れる著者の本を、その生き方や考え方を取り入れるために読みましょう。私の場合は、自分の才能を活かして活躍する女性起業家の本をよく読んでモデリングの対象にしていました。

年配の方の書かれたエッセイや人生論もモデリングの対象になるでしょう。* 著者の穏やかな顔写真からは想像もつかない壮絶な体験が綴られていて、人は環境に恵まれたから幸せになるのではなく、幸せに生きることを選択して日々生きているのだと教えてくれます。

ほかにもモデリングの対象におすすめなのがシンプルな物語*です。「Aさんと Bさんがいて、同じ状況でAさんは手を抜かずにがんばりました。Bさんは手を抜いてしまいました。その結果、Aさんはうまくいったけれども Bさんはダメでした」というものです。**単純な物語だからこそ自分の中に落とし込みやすい**のです。困難な状況に遭遇したときに「Aさんだったらどうするだろう？」という考え方を持てるようになります。

また、見習うという意味でのモデリングだけではなく、逆モデリングともいえ

清川妙氏の著作は自宅の本棚の中にコーナーができるほど数多く読みましたし、今でも読み返しています

『グッドラック』（アレックス・ロビラ、フェルナンド・トリアス・デ・ベス 著／田内志文 訳／ポプラ社）など、読みやすいものがいろいろとあります

る読み方もあります。きちんとできていると思われる方がきちんとできていないと知ると、安心できるものです。一般的には長年第一線で活躍しているイメージの方が、本来の仕事が十分にできていないという思いがずっとあったなど、意外にも自己評価が低いことを知ると、ほっとするものです。

落ち込み気味だと、ものの見方が一面的になりがちで*、活躍している方の表面だけを見て「ああ、あの人は恵まれていていいなあ。それに比べて自分はついていないな」と思ってしまいます。だけど表面的にうまくいっているように見えても、実はいろいろな悩みを抱えていると知っておくだけでも考え方が変わってくるものです。

モデリングをすることで少しずつ自己改善につなげながら、表面を見るだけでなく背後の事情を知ることで、想像力を養うことができます。想像力がつくと、落ち込むような状況になっても、「自分だけじゃない」と思えるようになります。

その意味では闘病記も、「大変なのは自分だけじゃない」とわかるとともに、有限性を認識させてくれます。生きている時間が限られていると認識することで、落ち込む代わりに、その貴重な時間を何に使おうかと意識を切り替えられるよう

* 124〜126ページの「★比較にご注意!」もご参照ください

になります。

⑤ 言葉と潜在意識 ―― 自己啓発書・ビジネス書・小説・詩集

潜在意識についての本には、たいてい「潜在意識は主語が認識できない」と書いてあります。つまり、自他の区別がつかないので、人の悪口を言うと、潜在意識にとっては自分の悪口を言われているのと同じことになるのです。学ぶことで言葉の力を認識できますし、言葉の使い方も変わってきます。愚痴を垂れ流す代わりに、相手を認めたり、何かプラスの言葉を返したりできないか考えるようになります。言葉を変えると、環境や人間関係が変わっていくことを実感できるでしょう。

よくスポーツ選手がやるように、アファーメーション*として自分に言い聞かせるために言葉の力を活用するのもおすすめです。

自己啓発書には、このような言葉が書かれている本がたくさんあります。アファーメーションの言葉をまとめたようなものもあります。

ほかにも、エッセイでも小説でもマンガでも、読んでいて「いいなあ」と思っ

*アファーメーション：自己暗示、自己説得などと訳されることが多い。また、アファメーションと表記されることもあります

た箇所や「こういう考え方ができるようになりたい」と思った箇所を繰り返し自分の中に浸透させてみましょう。

支えになる言葉ができると、気分が滅入ったり、心が折れそうになったりしたときに、持ちこたえられるようになります。名言や格言などをまとめた本もたくさん出ていますので、気に入ったものを見つけて繰り返し読むと力になってくれるでしょう。

詩集*も、生き方から溢れる言葉の力が強く、生きる力をもらえます。詩には厳選された言葉が持つ強さと美しさがあるので、それに触れることで心身が活性化されます。

⑥ スピリチュアルとシンクロ —— スピリチュアル本

スピリチュアルというと、胡散臭いと思われる方もいるでしょう。スピリチュアルに傾倒しすぎて、スピリチュアルを理由に約束や時間を守らない方とは私もつきあえませんが、**地に足のついた日常生活でのスピリチュアルを扱った本や、見えない世界とのつながりをどのように大事にするかを伝えてくれる本は、有用**

*詩集：坂村真民さんや茨木のり子さんの詩は、強い精神性に感化されるでしょう

だと思います。

私は外資系企業での仕事が長かったので、効率と数字を重視していました。けれども、それ一辺倒の会社にいると、胃が痛くなってくるのです。今考えると自分の体がメッセージを発していたのですが、当時は一切無視して、胃が痛いのは当たり前だと受け止めていました。仕事はそういうものだし、子どもじゃないのだから、そんなことは気にしていられないと思ったのです。

直感で「こうしたらいいのでは」と思うことがあっても、「数値化できない」「そうすることによる費用対効果は？」と考えて否定していました。だけど、スピリチュアル系の本*を読んで、**直感や体からのメッセージを否定しなくてもいい**と知り、大事にするようになりました。スピリチュアルなものに対する認識が変わったことで、シンクロニシティと呼ばれる偶然の一致が起こりやすくなりました。

生活の中にスピリチュアルな要素として瞑想を取り入れることも、気分を整えるのに役立ってくれます。マインドフルネスがブームになったことで、瞑想を取り入れる方も増え、昔に比べて瞑想への抵抗感は薄らいできたのではないでしょ

*スピリチュアル系の本：「病気になるのは体がこういうメッセージを発しているから」など、日常生活で気をつけたいことをスピリチュアルな観点から教える『〈からだ〉の声を聞きなさい』（リズ・ブルボー著／浅岡夢二訳／ハート出版）は、かなり読み込んで参考にしました

うか。

ハーブやクリスタルのエネルギーの入ったボトルを扱うオーラソーマなど、スピリチュアルなものがきっかけで閉塞状態から抜け出せることもあるので、出口を広げる意味で活用していただけたらと思います。

⑦仏教――宗教・哲学書

「仏教」というと「最後は宗教に行きつくのか」と思われるかもしれませんが、私は仏教を宗教というよりも、哲学と捉えています。これまでのステップで見てきた自己啓発的なことやスピリチュアルなことは、因果の法則や身口意、他力といった仏教の考え方を通してうまく体系化できますし、理解しやすいのではないでしょうか。

仏教には「網の目の話」があります。網の目から一つだけ網の目を取り出そうとしても、一つの網の目の縁（へり、ふち）は隣の網の目の縁でもありますから、一つだけ取り出すことはできないのです。同様に、人間も縁によって結ばれて存在しています。一人で生きていると思っても、実際には多くの縁に支えられていることを気づかせてくれる話です。

「逆縁福」という松原泰道老師の造語があります。マイナスの出来事や逆境は、受取人指定配達だから、いくら嫌だと思っても拒否できないのです。拒否はできないけれど、それをプラスの贈り物にして人に与えることはできます。たとえば病気を乗り越えることでその生き方が人に勇気を与えるようになります。そしてそこに生きがいも生まれます。

落ち込んでいるときは「どうして自分ばかりこんな目に遭うのか」という考え方にとらわれがちですが、逆縁福の精神を知ると、自分が苦しんできたことにも意味があると思えるようになるのではないでしょうか。**自分のつらさや不運など、自分のことにばかり焦点を当てる代わりに、自分から他者へと焦点を変えることができれば、精神状態は大きく変わります。**仏教の本*は、そんな転換を促してくれるのです。

ここまで7つのステップをお伝えしてきました。選書術と合わせて参考にしながら、今の気分にぴったりの1冊を見つけていただけたらと思います。どのよう

仏教の本：松原泰道老師の『百歳で説く「般若心経」』（アートデイズ）や『楽しく生きる仏教』（水書坊）を愛読したほか、『他力』（幻冬舎文庫）をはじめ仏教的な考え方に触れた五木寛之さんのエッセイもよく読みました。経典というのは大体教祖が亡くなった後で弟子が書くものですが、『法句経』の場合はお釈迦さまの語った言葉がほぼそのままに残されているといわれます。詩のような味わいが心地よく、短い文章の中に多くの気づきがあります

に読んでいくかについては「第7章　どうやって読もう?」をご参照ください。
また、シチュエーション別のおすすめ本については「第8章　こんなときには、こんな本!」で、ご紹介しています。

本を読むのが苦手な方へ

読書をしたいと思いながらも、読書への苦手意識を持ってしまっている方も多いものです。人それぞれに向き不向きはありますので、無理に読む必要はありませんが、せっかく意欲があるのに苦手意識が邪魔をしてしまうのはもったいないことです。ですから、その苦手意識がどこからきているのか、まずは考えてみてください。

人によっては、自覚がないけれどもディスレクシア（読字障害）の可能性もあります。文字が歪んで見える、反転して見えるなどの症状があれば、その可能性を疑ってみたほうがよいでしょう。たとえディスレクシアの場合でも、電子書籍を活用して自分の見やすい大きさや書体に変えることで読書を楽しめるようになります。

子どもの頃に読書感想文を書かされた経験から、読書と面倒な義務のイメージが一体になってしまっている方もいるでしょう。興味の持てない本について作文を書かなければならないとなれば、苦痛として記憶されてしまうのも無理はありません。苦手意識がそこからきていることを見極めたうえで、今は自分の好きなものを読めばいいし、感想をまとめる必要もないことを思い出してください。

第2部の扉裏に掲げたダニエル・ペナックの「読者の権利10カ条」をここであらためて紹介します。こんな権利があると知っておけば、もっと自由に読書を楽しめるのではないでしょうか。

1カ条　読まない

2カ条　飛ばし読みする

3カ条　最後まで読まない
4カ条　読み返す
5カ条　手当り次第に何でも読む
6カ条　ボヴァリズム（小説に書いてあることに染まりやすい病気）
7カ条　どこで読んでもいい
8カ条　あちこち拾い読みする
9カ条　声を出して読む
10カ条　黙っている

視力の衰えが原因で読書が苦手になってしまう方もいます。本書の読者の親世代や祖父母の世代が多いかと思いますが、老眼鏡をかけても読みづらいという理由で、長年の楽しみだった読書から離れてしまうのです。その場合は、大活字本を試してみてください。かなり文字が大きいですし、古典から現代小説やエッセイといった話題作まで、作品も幅広く揃っています。図書館に行けば大活字本のコーナーもあります。大活字本のおかげで読書の喜びを取り戻せるケースも多いのです。

また最近は、オーディオブックも増えています。本をプロの声優やナレーターが朗読してくれているもので、耳から本を楽しむことができます。最初に耳で聴いてから同じ本を読むのも、読書のハードルを下げてくれるのではないでしょうか（ちなみに、ある目の不自由な方によると、音読よりも点字のほうが、自分のペースで読み進められていいそうです）。同様に、映画化された作品を映像で見てから本で読むのもいいでしょう。印象に残った場面を文章ではどのように表現しているか、考えながら楽しむことができます。

本を読み通せないために苦手意識を持っている場合もあるでしょう。読者の権利10カ条にある通り、読み通さなくてもいい、とまずは知ってください。しっかり読み込む本もあれば、ぱらぱらと眺める程度の本があってもいいのです。そのうえで、たとえばショートショートなど、数分で読めるものから始めてみるといいでしょう。忙しいときの隙間時間や、精神的に疲れて長いものが読めない場合にも読み終えることができますし、達成感を得られます。星新一の作品が有名ですが、最近はショートショートのジャンルが人気のこともあり、若手作家の作品も多数刊行されています。

海外の翻訳作品にも、シリアからドイツに亡命して国民的作家となったラフィク・シャミの『言葉の色彩と魔法』（ラフィク・シャミ 著／ロート・レープ 絵／松永美穂 訳／西村書店）*のように、各話に挿画がついて画集のように楽しめるものもあります。本書はアラビアンナイト的な異国情緒あふれる作品集で、安全な逃避ができる本としておすすめしています。

たとえば、仕事の人間関係で疲れているときに会社が舞台の本を読むと、それだけでストレスを感じてしまうことがあります。けれども、遠く離れた世界が舞台ならば、心を脅かされることなく楽しむことができます。

また、ショートショートよりもさらに短い掌編小説もあります。たとえば川端康成の『掌の小説』（新潮文庫）のように文豪の作品を読破することで、読書への苦手意識を払拭できるかもしれません。

『言葉の色彩と魔法』：199ページをご参照ください

心理エッセイなども見開きに一つの項目で読みやすいものが多く、心を元気にする内容を伝えてくれるので、疲れたときに励みになるでしょう。詩集も読みやすいだけでなく、言葉の力がとても強いので、その言葉に触れること自体が力を与えてくれます。

人と一緒に読む場合の本選びは？

ここまで、一人で本を読むときの選び方についてお話ししてきましたが、中には一対一や読書会といった形式の読書セラピーをやってみたいと思われる方もいるのではないでしょうか。そんなときには、テーマや文体（文章の様式）について気をつけなければいけないことがあります。

《テーマについて》

【普遍的なテーマ】

相手とともにその作品について話し合いを深めていくには、お互いに共通するものが必要になります。たとえば、特殊な状況にある人しか理解できない作品では、話し合いができません。

【力強いテーマ】

何をもって力強いと判断するかは難しいところですが、自分にとって真実であると感じられる、意味がある、というように琴線に触れるものであることです。

【わかりやすいテーマ】

これは必ずしも芸術的価値とは関係しません。たとえ芸術的にすごく優れた作品であっても、読み手として共感しづらいことはあるでしょう。たとえば外国を舞台にした特定の時期の話で背景知識がないと理解できない場合や、マニアックな話題で共感するのが難しい場合もあるでしょう。また、詩の表現など、ひねりすぎてわかりづらいこともあるでしょう。どういう方がそれを読むのかも考えなくてはいけません。相手の水準に合っていないと、せっかくの作品も理解してもらえません。

【ポジティブなテーマ】

ネガティブな題材を扱うと、それによって相手の抱えている不安が表面化してしまう懸念があります。

ただし、ネガティブなものを避けるといっても、ネガティブな感情を認識すること自体を避けるわけではありません。自分の中にネガティブな感情があることを認識するのは大切です。ただ、その認識に対して、あまりにもネガティブな解決策を提示して終えないようにすること。ネガティブなものを認識したのであれば、それにどう向き合うかを考えられる方向に持っていく題材を扱うことです。

なお、ポジティブといっても、なんでもポジティブに対応しようという極度の楽観主義の押しつけではありません。

ここであと2つ、テーマに関して加えさせてください。

一つは、「あいまいさ」です。ある程度あいまいなほうが相手のリアクションを引き出すことができるのです。

たとえば、以前こんな出来事がありました。ある会で、「墓洗ふ『嘘も方便』祖母の言」という俳句について話し合ったのですが、ある参加者は祖母の墓だと捉えて、その墓を洗いながら「祖母はよく『嘘も方便』と言っていた」と懐かしく思い出していると解釈しました。けれども私は、祖母と一緒に墓参りをしている場面と捉えました。先祖のお墓を祖母と一緒に洗いながら、祖母が「嫁いできていろいろ大変なこともあったけど、『嘘も方便』よ」と作者に言い聞かせながら洗っている、と解釈したのです。このように解釈が分かれたことで議論が弾みました。あいまいさがあることで参加者のリアクションが引き出されたのです。

また、そうして自分と違う反応があると知ること自体が学びにもなります。

もう一つは「ユーモア」です。深刻なテーマを読書セラピーで扱うことがありますが、深刻なものを深刻に扱うだけでなく、軽い切り口で扱うこともできます。また、アイスブレイクとしてユーモラスなものを導入部分に使って、それから他のものを読んでいく進め方もあるでしょう。ただし、きつい皮肉などは相手によっては嫌がられることもあるので避けたほうが無難です。

《文体（文章の様式）について》

【リズム】

音読する場合は特に、リズムが大切です。心を引きつけるリズムがあること。これは詩に限らず文章のリズムにも当てはまります。落ち込みやすい方に、心地よいリズムがよい影響を与えてくれます。

【イメージ】

イメージが印象的で具体的か、何か気づきを与えてくれるかを検討します。

『ぼくのなかの黒い犬』（マシュー・ジョンストン 作・絵／岡本由香子 訳／メデ

ィア総合研究所）という絵本では、ある日黒い犬が自分の人生にやってきて、どんどん生活に侵食してきます。夫婦で寝ていても間に黒い犬がいる、眠りたいのに黒い犬にのしかかられて眠れない。黒い犬の存在感が大きくなってどうしていいかわからない……という形でうつ病を表しています。実際にうつ病を体験した作者の作品で、すごく伝わりやすいと思います。自分でそうと認識できていない方が自分を客観視するのにも使えるでしょう。また、うつ病は人に理解してもらうのが難しいのですが、黒い犬というイメージを使って周囲の理解を得るのにも役立ちます。

【ある程度シンプルな語彙、言葉遣い】

特に子どもが対象の場合、複雑に入り組んだ構文ではわかりづらいでしょう。また、学習能力に問題がある相手の場合、難しい言葉が多くて理解できないと、挫折感を深めてしまいます。読書セラピーを行うことでもっと自信をつけてもらうはずが、逆の結果になってしまいます。そのため、相手にとって理解できる語彙、言葉遣いであることが大切です。

【ジャンルとメディア】

長さが適切であることや、比喩が話を弾ませてくれることから、詩を使うことが多くなるかと思います。歌詞を使う場合、その歌詞の使われている音楽をかけることもあります。その際は、どういう種類の音楽かにも注意しましょう。すごく真面目な歌詞なのにヘビメタ調の音楽で全然聞きとれなかったら、歌詞の内容が伝わりません。

ＳＦやファンタジーを使う場合は、そこで扱われているのが大事な事柄なのか、たとえば主人公が何かの問題に直面したのを読んだときに、自分だったらどうやってこれを乗り越えたらいいんだろうと思えるようなものなのか、そして感情移入できる登場人物なのかが問われます。

ここまで見てきた選択基準ですが、ある程度主観的にならざるを得ないものです。ある人は「この文章はすごくいいリズムだ」と思っても、他の人は「いや、これはちょっと……」ということもあるでしょうし、判断が分かれることもあるでしょう。

実際、ある詩を複数の読書セラピストが評価したときにそういうことがありました。一人の読書セラピストが「自分は絶対にこれは嫌だ」と拒絶したのです。その読書セラピストは死後の世界への強い信念を持っていたのですが、詩の内容がその信念にそぐわなかったのです。このように自分の価値観にそぐわないときは、使わないほうがいいと思います。やはり、自分が使って心地いいもの、肌が合うものを使いましょう。

《「思いやり」の気持ち》

人のために本を選ぶとき、テーマや様式以外に、もう一つ大切にしてほしいことがあります。それは、「思いやり」の気持ち、具体的には「共感」「敬意」「誠実さ」です。

【共感】

共感は、「他者の感情や考えを実際に自分で経験することなしに知的にまたは想像力を持って理解する能力」と定義されています。これには相手の反応などを正確に認識することと、自分が共感していることを相手に伝えるという2つの側面があります。

正確な認識とは、推定ではなく根拠に基づくものです。「この人はきっとこう考えているんだろう」という自分の勝手な思い込みや憶測で判断せず、何をもって自分がそう感じたのか説明できるような、きちんとした根拠を持つことです。

その一方で、言語的なメッセージだけでなく、非言語で暗黙のメッセージとして発せられたものも読み取る必要があります。たとえば顔が赤くなっている、眉をひそめている、声の調子、ショックを受けた様子、姿勢、アイコンタクトをとりたがるか、体の動きのぎこちなさ、いたずら書き、髪の毛をいじるといったことに注意を払います。

ここで気をつけてほしいのが、共感は同情とは違うということです。同情は自分が相手に対して優位に立つところから発する感情です。そのため、相手にとって心地いいものではありません。

【敬意】

敬意も共感と近いものですが、共感と完全に重なるものではありません。敬意がなくても相手の言うことを理解して共感することはできますし、逆に相手のことをよく理解できなくても、相手を尊重して敬意を伝えることはできるからです。注意が必要なのは救世主（メサイア）コンプレックスです。これは「人のことを助けてあげられる、そんな自分が大好き」という感情です。

こんな態度で助けられても相手にとっては屈辱的ですし、「あなたは助けが必要な弱い立場の人だ」というメッセージを伝えることになります。こういうパターンが続くと相手を依存させ、不健全な対応パターンが育まれてしまいます。結局、相手の抱えている問題は当人が向き合わなければ解決には至らないのですが、救世主コンプレックスで接していてはその解決の妨げにしかなりません。

ですから、自分が「相手を助けたい」と思ったときに、その気持ちがどこからきているのか、助けてあげると自分の気分がいいからなのか、自分の動機をきびしく見ていく必要があります。

そして一方的な依存関係ではなく、相互関係を築いていくことです。自分が相手に敬意を払うことは、それをモデルとして相手に示すことでもあります。敬意を払われた相手は「人に敬意を払うとはどういうことか」を理解しやすくなるでしょう。

敬意を伝えることは、相手のために素材を選ぶ段階から始まっています。本当に相手のことを考えるのであれば、一読してまったく理解できないものは選ばないはずです。自己満足のために選んでいないかを確認します。

そして、相手から何か反応があったときの対応でも敬意を表現できます。これも言語的なものだけでなく非言語のものを含みます。自分が相手のことをどう思っているのか、本当に尊重しているのかが相手にも伝わるでしょう。

【誠実さ】

「共感」「敬意」は相手への関わりに関係しますが、「誠実さ」は自己認識に関係します。ラジオのチューニングにたとえられます。マーラーの交響曲を聞きたいと思っていても、チューニングができていないとヘビメタが聞こえてしまうように、自分のニーズや関心を自覚できていないと、参加者にとって大事な点を深掘りする代わりに、自分が聞きたいことや興味のあることを話題にしてしまいかねません。それを抑制できるように、まずは自己認識をすることです。

誠実さを伝えるためには、芸術的価値へのこだわりからの脱却が必要です。たとえばAとBという2つの詩があったとします。Aのほうが明らかに完成度が高く、優れた芸術作品です。Bは大した作品ではありません。ところがこの2つを実際に読書会で使ってみると、参加者の反応は圧倒的にBのほうがいいのです。それなら読書セラピーとしてはBを使うべきところですが、芸術的価値にこだわってAを使ってしまう――それは参加者のことを思った選択ではありません。このような芸術的価値へのこだわりから脱却して本当に参加者のためになるものを使うようにしましょう。

第7章

どうやって読もう？
本の読み方

Q&A 速読したほうがいいの？

あなたもきっと、速読を身につけたいと考えたことがあるでしょう。すでに身につけて、一日に何冊も本を読まれているかもしれませんね。もちろん、情報や知識の取得を目的とした読書なら速読もいいですし、積読が解消されて精神的な負担が軽くなったり、獲得欲求が満たされたりするメリットもあります。

ただ、**読書セラピーの場合には、むしろゆっくり読むことをおすすめします。**そのほうが、ゆっくり読んでいる自分を認識することで、「自分は余裕があるんだな」と感じられるからです。

心理学では行動療法といって、行動から精神状態の変化を促す方法があります。たとえば、落ち込んでいるときは姿勢も悪く声も小さくなりがちですが、あえて姿勢を正し大きな声を出すことで、自分は元気なのだと思えてくるのです。同様に、ゆっくり読むという行動から心の余裕を生み出せます。

ゆっくりと1冊の本を味わって読むほうが、短期的に役立つ知識ではなく生きる糧という意味で、速読よりも得られるものが多いのではないでしょうか。

平野啓一郎さんが『本の読み方　スロー・リーディングの実践』（ＰＨＰ新書）で、フランスの思想家モンテスキューが『法の精神』の完成に20年もの歳月を費やしたことについて、こう述べています。

> モンテスキューほどの第一級の知性の持ち主が、二〇年もかけて考えたことを、どうして私たちが、一時間や二時間の飛ばし読みで理解できるだろうか？　ましてや、速読法で一分間に三〇ページというような猛スピードで目に焼きつけるなどして、分かると思うほうがおこがましい話だ。（中略）
> もちろん、書くほうが二〇年かけたからといって、二〇年かけて読まなければいけないということはない。一週間で読み終わったならば、それでも構わないだろう。しかし、私たちは、著者の二〇年に対して、やはり謙虚な気持ちを忘れるべきではない。

書き手が書くことに費やしたのと同じくらいのペースで読むことで、得られるものもあるでしょう。著者がどうしてこの単語を漢字ではなくあえてひらがなで表記したのか、どうしてここで句読点を置いたのか、など、考えながら読んでいくことで読みも深まります。*

実際、軽い文章であればすぐに読めてしまいますが、背後に長年の思索があるような文章は、読むのにも時間がかかるものです。

宗教改革で知られるルターは、読むことを「祈りであり瞑想であり試練である」と言っています。読むことは、人生を変えてしまうような行為です。*その深さに適した速度があるはずです。

Q&A

電子書籍でもいいの？

紙の本のほうが電子書籍よりも内容をよく記憶できるという調査もあります。どこまで読み進んだかを目で把握できることや、紙をめくって触覚でも実感が持てることがあるのでしょう。電子書籍リーダーのように、発する光によって睡眠

* このような読み方については佐藤正午さんの『小説の読み書き』（岩波新書）が参考になります

* このような読み方については佐々木中さんの『切りとれ、あの祈る手を』（河出書房新社）が参考になります

ホルモンであるメラトニンが減少し、睡眠が阻害されることもありません。*

ただ、ディスレクシアの場合など、**電子書籍があることで文字の大きさやフォントを調節できて読書が容易になることもあります**し、**紙の本では入手しづらいものも電子書籍だと入手しやすい**メリットもあります。**持ち運びに便利なことや、本好きを悩ます居住スペース上の制約から解放される**利点も挙げられます。

私の友人は、普段は電子書籍派ですが、入院した際は電子書籍では読む気がせず、紙の本がいいと話していました。電子媒体自体が、弱っているときには疲れるのかもしれません。

このように、電子書籍とのつきあい方は、人それぞれです。紙の本派と電子書籍派に分かれることも多いと思いますが、中には翻訳家の夏目大さんのように、紙の本ですでに持っているのと同じ本を、さらに電子書籍で揃えている方もいます。大好きな本をいつでも持ち歩きたいという理由からです。

* 電子書籍が体に与える影響は『読む薬』に詳しいです

私は情報として取得できれば十分なものは電子書籍にしますが、基本的に「物」「存在」としての本が好きなので、紙の本を断然愛好しています。全部電子書籍でいいというのは、たとえばサラダを食べる代わりにビタミン剤を飲むようなものだと思うのです。サラダに入っている各種の野菜の色合いや歯ごたえ、味わい、みずみずしさ――それを味わうことと、ビタミン剤を飲むことは、たとえ同等の栄養を摂取できたとしても、同じ体験にはなり得ません。100冊の本を実物の本で読んだ方と、電子書籍で読んだ方では、感性の点で大きな開きが生じてしまうのではないでしょうか。紙の本の場合、紙の種類一つとっても、風合いや持ち重り、印刷の出具合など、あらゆる要素を勘案して選ばれています。著者や編集者、装幀家をはじめ関わった方たちの行き届いた配慮がそこにはあります。それを受け取ることと、電子化された情報として受け取るのでは、やはり大きな違いがあると思うのです。

デザイナーの山本耀司氏は、ファストファッションの伸長について、2020

年12月26日の日経新聞の記事で、こんな懸念を述べています。

「ファストファッションを買う人は多いですが、服は安ければ良いというものでもない。手作りの服にはコンピューターで作ったものとは明らかに違い、魂や生命力が宿っています。特別なものですから、着こなすのが大変だし、着るための覚悟や気構えが必要になる。作り手にも、着る側にも、まさにそこが試されている気がします」

「服を着こなすのは人間にとって欠かせない文化。服作りの感性や技術をないがしろにするような風潮には強い危機感を覚えます」

今後、電子書籍の在り方も変わってくるのでしょうが、現時点での電子書籍に対して、私は山本氏のファストファッションに対する考えと同じような懸念を覚えるのです。

電子書籍を一概に否定するつもりはありません。ただ、紙の本を文化として大切にする観点を読者として一人ひとりが意識していけたらと思います。

Q&A 再読はするの？

読書セラピーにおいて、再読は非常に有効だと考えています。

『文学効能事典』の著者の一人で読書セラピストのエラ・バーサドさんは、子どもの頃に読んだ『ムーミン谷の冬』を定期的に再読するそうです。そうすることで、まるで玉ねぎの皮をむくように、20代の頃の自分、思春期の頃の自分、子どもの頃の自分……と、過去の自分に出逢えるからです。

同書は私も子どもの頃に読んだ記憶があったので真似をしてみたところ、当時読んでいた図書室の様子や光の差し込み加減まで映像がありありと浮かび、記憶が呼び覚まされることに驚きました。同時に、登場人物に抱く感情や、物語から受け取る感覚は子どもの頃と変わらないことにも気づきました。変わらない自分の核に触れ、懐かしい感覚を呼び起こす意味でも、再読はおすすめします。

子どもの頃に読んで印象に残っている絵本などは、大人になってから再読すると、なぜ当時印象に残ったのかが理解できるかもしれません。私は『わたしとあそんで』（マリー・ホール・エッツ 文・絵／よだじゅんいち 訳／福音館書店）という絵本がずっと印象に残っていました。女の子が動物たちと遊ぼうとつかまえに行くと、みんな逃げてしまいます。がっかりして一人でじっとしていたら、動物たちのほうがやってきて一緒に遊ぶことができた、という物語です。子どもの頃に読んで「欲しがるのではなく欲しがらせる」という教訓を得ていたのですが（マーケティングの本だとでも思っていたのでしょうか……）、大人になってから読むと、人から奪おうとするのではなく自分から与えることの大切さを説いているように受け取れました。**絵本はテーマが凝縮されていますので、再読によって自分の人生のテーマに気づくことができるの**ではないでしょうか。

私は実用書の再読をよくします。自分の生活や仕事に取り入れたい箇所に付箋を貼っておくことが多いのですが、それを数冊まとめて読むことで、「当時できなかったことができるようになった」と実感できる喜びがあるのです。

私の恩師の松原泰道老師は、昔読んだ本を再読すると、線を引いた箇所を見て

「今だったらこんなところに線は引かないな。この当時はこんなこともわからなかったのか」と、過去の自分に対して「ざまあみろ（笑）」と思うそうです。

Q&A 書き込みはするの？

本はどんどん書き込んで汚して自分のものにするのがいいという方もいれば、神聖な本に書き込みをするなんてとんでもないという方もいます。スタンスは人それぞれですが、**書き込みがあると、再読する際に自分の成長が測れます。**

古本などで書き込みがあるものにあたると、著者の視点に加えて書き込みをした元の所有者の視点も得ることができ、視野が広がります。このような痕跡本のコレクターが存在するほどです。*

私は書き込みはあまりしませんが、本の内容を書き写すことは多いです。自分に取り入れたいと思った箇所や感銘を受けた箇所を忘れないように書き写し、後で読み返して浸透させてきました。

＊痕跡本：『痕跡本のすすめ』（古沢和宏／太田出版）では、驚くような痕跡の数々を見ることができます。また、書き込みのある本のみを扱う「しるし書店」のサービスもあります

好きな文章を書き写すことは精神状態をよくしてくれますし、著者が読者のよりよい人生を願って書いた内容の場合、著者の精神に近づくようで心が落ち着きます。

また、自分の好きな著者の文章もわかってきます。たとえば、「僕」ではなく「ぼく」というひらがなを使っていて、それが文章全体にやわらかさを与えているから心地よく感じるのだな、という具合に**自分が何を好ましく感じるのか、自分を知ることにもつながります。**＊

写経のように書き写している時間は「今」を味わうことができます。世の中全体がざわざわとしているこの時代、落ち着いた時間を持つのは難しいものですが、ノートとペンがあれば静かな時間にスッと入ることができるのです。「壺中天有り」という安岡正篤氏の言葉があります。どんな境涯でも自分だけの内面世界をつくることはできるという意味ですが、今でいうなら、会社の仕事がつまらなくても、好きな習いごとや趣味があれば楽しく過ごせるということではないでしょうか。けれどそのための時間が確保できなかったり、疲れてエネルギーが残っていなかったりする場合もあるでしょう。そんなとき、この「写経」なら手軽にで

＊129〜130ページの字面選書術をご参照ください

きますし、心にエネルギーを与えてくれます。

「言霊」といわれるように、言葉には魂が宿っています。言葉を書き写すことは、単に文字を書き写すことではなく、そこにある思いをすくい上げ、立ち上らせて、ふたたび命を吹き込む行為といえるでしょう。**自分が目を留めた言葉であればなおさら、その言葉には自分をよりよい方向に導いていくものが込められているはずです。いわば、自分で煎じた自分のための処方薬です。それを十分に味わうことは、心にとって栄養になることでしょう。**

そうして幸せな気分で集中していると、「フロー」と呼ばれる状態に入っていきます。フローとは、心理学者のミハイ・チクセントミハイが提唱した、人間がそのときしていることに完全にのめり込んでいる精神状態です。記録を出すようなスポーツ選手などがこのフローの状態に入っているといわれますが、こういう状態に入ると、やろうと思うことが次々にうまく進んでいくような、よい流れに乗ることができます。

忙しい毎日でイライラして過ごしてしまうと、やることなすことうまくいかない悪循環に陥りがちです。そんなときはもがいて手を打つよりも、まずは心を静めることが先決です。整った心がよい流れを呼び込んでくれるので、気持ちの切り替えにこんな「写経」を取り入れてみてください。

Q&A 本を読むときの環境は？

松岡正剛さんは、「ラフなセーターでニーチェを読むのと、ワイシャツにベルトをしてニーチェを読むのとでは、ちがうんです」と、本を読むときに服装を変えたりもするそうです。「どういう『ながら読書』をするかを、むしろマスターしてほしい」と『多読術』（ちくまプリマー新書）で提唱しています。読書という行為をもっと豊かに演出することを楽しんでもいいかもしれませんね。

読書セラピーは他の療法と組み合わせやすいものですし、視覚資料や聴覚資料なども活用できます。* 本に合わせて香りを楽しむ、本のイメージに合わせたお菓子を作ってみるなど、五感を活用することで、読書体験を深めることもできます。

* 52〜55ページ、81ページをご参照ください

本回りだけをとってみても、たとえばお気に入りのラッピングペーパーを使ってブックカバーにしたり、雑誌にあった美しい写真をラミネート加工してオリジナルの栞《しおり》を作ったり、特製の蔵書印を押したりと、楽しみは尽きません。

第8章

こんなときには、こんな本！
おすすめ本ブックガイド

自分でそのときの状態に合った本を選べるようになっていただくのが理想ですが、慣れないうちは難しいこともあると思います。

ついつい、仕事や勉強のために「読まなければならない本」「読むことを推奨されている本」を手に取ってしまうという方もいるでしょう。

たしかにそれも大切です。でも、まずは「読書セラピー」で心や体を癒し、ほぐしてからにしませんか。

そこで本章では、シチュエーション別におすすめの本をご紹介します。

どの本も、実際に私が読んだり、ご相談を受ける中でおすすめしたりしてきたものです。絵本や児童書が多いように感じるかもしれませんが、それには次の理由があります。

- 精神的に疲れて文字が多いものが読めないときでも読める
- メッセージが伝わりやすい
- ロングセラーなので安定して入手できる
- 自分で読むだけでなく、同様の立場にある方にプレゼントする際に贈りやすいまた、絵本や児童書は「子どもの本」と捉えられがちですが、実際には「子どもも読める本」で、大人が読むことに何の差し障りもありません。**作り手の大人が、大切なことを子どもにもわかるように伝えようと、本気で取り組んでいるのです。そうした大人の本気は、大人の読者だからこそ受け取れるのではないでしょうか。**

なお、人に本をすすめる場合には、関係性やタイミングの問題があります。本書であれば、読者であるあなたに著者である私がおすすめするという関係性があるわけです。すすめたい相手との関係性がしっかりとできてからのほうが、読んでもらえる可能性も高まります。また、いくらいい本で関係性ができていても、相手の気分の波もあるので、贈っても読んでもらえないこともあるでしょう。ただ、本のよいところは、自分のタイミングで出逢えることです。そのときに読んでもらえなかった本が、何年後かに、相手にとって大きな救いになることもあるのです。

本の処方において重要なのは本の中身だけで、誰が処方したかは本質的な問題ではないという考え方もありますが、私はそうは思いません。誰がどんな思いで自分に対して本を選んでくれたのか、そのことの療法的意義も大きいと感じています。

以前に、「病棟にどんな本を置いたらいいですか」というご相談をいただいたことがあります。そこはターミナル*もある病棟のため、本選びに悩んだ結果、どうしても無難な選書になってしまうのだそうです。美術書などの当たり障りのない本が置かれるのですが、本当に置くべき本は何なのかと考えておられました。

そこでターミナルケアの専門医にお伺いしたところ、変に気を遣いすぎる必要はないと教えていただきました。実際、死を間近にされた方は、こちらが思うよりもっといろいろなことを受け止められるものです。『死の○○』というタイトルの本は置かないほうがいいだろうと思っても、本人は読みたがっていることもあります。ですから変に気を遣うよりも、むしろ自分がどうしてその本を選んだのか、理由をしっかり伝えられる本を置くほうがいいとアドバイスをいただきました。

＊ターミナル：「終末期」を意味する言葉で、終末期医療や看護をターミナルケアといいます

実際、読書セラピーを目的に本のコーナーを設けている病院では、がんの本から川柳の本まで置いてあるのですが、その一冊一冊にスタッフの方が自分がどうしてそれを選んだのかという理由が添えられています。

誰かのために本を選んで贈るときには、押しつけることなく、どんな思いでその本を選んだのか、言葉にして添えるのがいいでしょう。*

それでは、次のページから、私のおすすめ本を紹介していきます。シチュエーション別にしていますので、思い当たる節がある場合は、ぜひ一度手に取って、読書セラピーを実践してみてください。

＊159～170ページの「人と一緒に読む場合の本選びは？」もご参照ください

大切な誰かをなくしたとき

『わすれられないおくりもの』
スーザン・バーレイ作・絵／小川仁央 訳／評論社

森の仲間たちに慕われているアナグマがいました。料理の作り方やネクタイの結び方など、いろいろなことを教えてくれて、誰もがアナグマに助けられて大きくなったのです。ところが、ある日、そのアナグマが死んでしまいます。仲間たちはすごく悲しむのですが、皆で集まって話しているうちに、自分はアナグマにこんなことを教えてもらった、自分はアナグマのおかげでこんなことができるようになった、という思い出話をするようになります。時間が経つにつれて、アナグマが死んだことを悲しむよりも、自分が多くを与えてもらったことを喜べるように変わっていきます。アナグマにまつわる楽しい思い出を、皆が思い出せるようになっていったのです。

大切な誰かをなくすと、喪失の大きさに打ちのめされてしまいます。そんなときに、心を明るいほうに向けられるように、温かく支えてくれる絵本です。

不安でいっぱいになってしまったとき

『なにか、わたしにできることは？』
ホセ・カンパナーリ 作／ヘスース・シスネロス 絵／寺田真理子 訳／西村書店

毎日、新聞を読むたびに不安でたまらなくなってしまうおじさん。

「なにか、わたしにできることは？」

考え続けるうちに、とうとうこの言葉が勝手に口から飛び出すようになってしまいます。すると、その言葉を聞いた人たちが、おじさんに頼みごとをしてきます。

「パンを買ってきて」「病院に連れて行って」「食事に呼んで」……そんな頼みごとに応じるうちに、おじさんはもう不安でいっぱいになることはなくなります。

世の中の状況が暗いときは特に、悪化していく事態に何もできない無力感にとらわれてしまいがちです。そんなときは、この絵本の「おじさん」を通して世の中への関わりを取り戻してください。自分が主体となって働きかけ、変えていけることがあると実感できれば、不安は和らいでいきますよ。

自分は誰にも必要とされていないと感じるとき

『わたし、お月さま』
青山七恵 文／刀根里衣 絵／NHK出版

ふとさびしくなって、昔訪ねてきてくれた宇宙飛行士に再会するために地球に出かけたお月さま。各地で冒険をしているうちに長い時間が経って、自分が夜空で輝いていたことなんかみんな忘れてしまったように感じます。そんなときに聞こえてきたのが、自分がまた空に戻ってくるのを信じて待ち望む、あの宇宙飛行士の声でした。

誰にでも自分の居場所や役割があり、そこで求められているはずです。だけどときにはそれが感じられなくなってしまったり、ほかの誰かと比較して価値がないように思えてしまうこともあるものです。

そんなときにはこのお月さまと一緒にひととき、持ち場を離れてみてください。離れてみることで、それがどんなに大切なのか、どれほど必要とされているかがきっと見えてくるでしょう。

なんだかむしゃくしゃして「ほっといて！」と思うとき

『きょうは、おおかみ』
キョウ・マクレア 文／イザベル・アーセノー 絵／小島明子 訳／きじとら出版

おおかみ気分で何もかもが気に入らず、毛布をかぶって「ほっといて！」と言う妹のバージニア。心配した姉のバネッサがあれこれ働きかけてみるものの、返ってくる反応は「ちがう、ちがう、ちがう！」。はたして、バージニアはおおかみ気分から抜け出すことができるのか、バネッサはどう働きかけるのか……。

誰でもおおかみになってしまうときはあるものです。絵本を通じて自分の精神状態を客観視し、「きょうは、おおかみ」なんだな、と名づけることで自分の気持ちに形を与えることができます。「そんなときもあっていい」とおおかみな自分を受け容れられたら、生きるのもラクになるはず。

モノクロ中心の前半からカラフルな後半へと心理状態と色をシンクロさせて効果的に使ってあり、色彩の変化を眺めることで精神状態を引き上げることができます。おおかみ気分から早く抜け出したいときの常備薬にするのもいいでしょう。

孤独を感じるとき

でんでん虫はある日、自分の背中の殻に悲しみがいっぱい詰まっていることに気づきます。驚いて、これでは生きていられないと、仲間のでんでん虫に訴えました。ところが、仲間も、背中の殻に悲しみが詰まっているというではありませんか。仕方なく別の仲間を訪ねて訴えてみても、また同じ。何度も繰り返して、でんでん虫は気づきます。悲しみを背負っているのは自分だけではないのだと……。

悲しみに限らず、あらゆるマイナスな感情を抱えたとき、得てして人は「こんなにつらいのは自分だけだ」と思いがちです。誰ともわかり合えないと思うと、孤独を感じてしまいます。この絵本は、視野がとても狭くなってしまうところを、「自分だけじゃないのだ」とスッと気づかせてくれます。

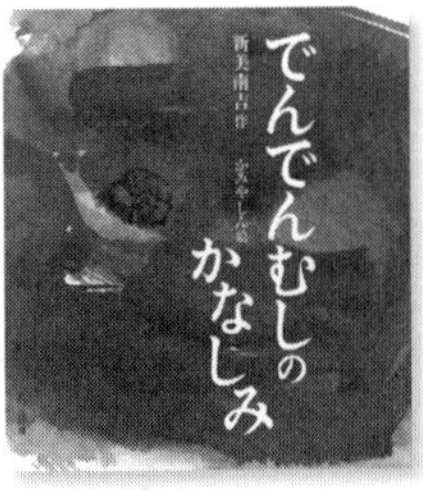

『でんでんむしのかなしみ』
新見南吉 作／かみやしん 絵／大日本図書

こちらもおすすめ

『カタツムリが食べる音』
エリザベス・トーヴァ・ベイリー 著／高見浩 訳／飛鳥新社

病気のためほぼ寝たきりの著者のもとに、友人が連れてきてくれたカタツムリ。著者はその生態を観察して過ごすようになります。周りが仕事や子育てに励む中、一人寝たきりで置いていかれた気分だったのが、カタツムリを眺めることで焦燥感や自分が役立たずだという思いが薄らいでいきます。

何をするにも時間が足りないと感じるとき

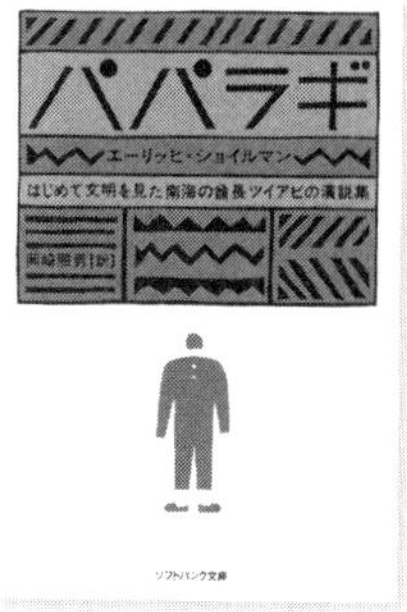

『パパラギ』
エーリッヒ・ショイルマン 著／岡崎照男 訳／SB文庫

初めて文明を見た南海の酋長によるこの演説集では、文明人の白人（パパラギ）の時間との関わり方をこう眺めています。

「彼は日々の新しい一日を、がっちり決めた計画で小さく分けて粉々にすることで、神と神の大きな知恵を潰《けが》してしまう。柔らかいヤシの実をナタでみじんに切るのとまったく同じように、彼は一日を切り刻む。（中略）パパラギは嘆く。『ああ、何ということだ。もう一時間が過ぎてしまった』。そしてたいてい、大きな悩みでもあるかのように悲しそうな顔をする。ちょうどそのとき、また新しい一時間がはじまっているというのに」

小手先の時間術ではなく、時間とは何か、自分は時間をどう捉えているのかというところからあらためて考え直すきっかけを与えてくれます。

自分ばかりが大変に思えてしまうとき

『野垂れ死に』
藤沢秀行／新潮新書

天才棋士と呼ばれた藤沢秀行さん。その人生は壮絶なものでした。億単位の借金やギャンブル、酒での数知れない乱行、三度のがん……。このうちの一つでも心が折れてしまいそうですが、本人はいたって豪快。数々のエピソードで記される破天荒な生き様に触れると、自分の物差しから離れることができます。

さらに上を行くのが夫人です。秀行さんの乱行や警察沙汰、借金取り、複数の愛人にも平然と処してきたのですから。土足で上がり込む借金取りに「靴くらい脱いだらどうなの！」と一喝。愛人の子には「本当のお母さんだったらよかったなあ」と慕われる、相当な人物です。

こんな方たちの存在を知ると、自分の悩みも大したことがないように思えて相対的に心が軽くなってくれますし、乗り越える力をもらえます。

閉塞感を覚えるとき

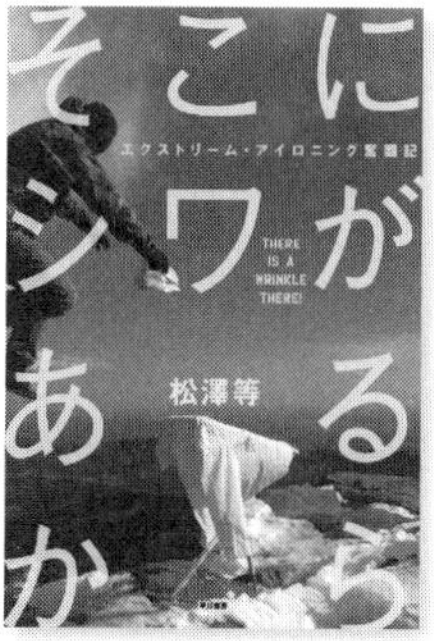

『そこにシワがあるから』
松澤等／早川書房

エクストリーム・アイロニングというスポーツをご存知でしょうか。アウトドアの極限状態でアイロンをかけるスポーツです。富士山頂で、海底で、ロッククライミング中に、サーフィン中に、はてはイナバウアーをしながら、アイロンがけ。馬鹿馬鹿しくも大真面目な究極のスポーツなのです。一つひとつのスポーツだけでも難易度が高いので、それをこなしながらアイロンがけも「ふり」だけでなくきれいにするとなると、かなりの修練が必要です。

そんな究極のスポーツに魅入られた著者の情熱溢れる奮闘記に、日常を離れ、元気をもらえます。その真剣さと裏腹に、写真のアイロンがけの姿は思わず吹き出してしまうようなインパクトで、閉塞感を吹き飛ばしてくれます。

さんざんな目に遭ったとき

『へろへろおじさん』
佐々木マキ／福音館書店

友だちに手紙を書いたおじさん。ポストに入れるために部屋を出た途端、階段を滑り落ちてしまいます。手紙を拾って外に出ると、今度は2階からマットが頭の上にドサッと落ちてきます。ショーウィンドウを眺めていると犬を脚につながれ、引きずられ、挙句の果てに謎の「豚追い祭りの日」に巻き込まれ、豚の大群の下敷きに……。とにかくさんざんな目に遭ったおじさんに、とどめの一撃が。そんなおじさんへの救いとは……!?

悲惨すぎて、かわいそうだけれども笑えてしまうおじさんの姿です。自分のあれこれ大変な経験をおじさんに重ねて笑い飛ばしながら、最後のささやかだけれどとても心にしみる救いを一緒に受け取ってみてください。

今ここから遠く離れたところに行きたいとき

『言葉の色彩と魔法』
ラフィク・シャミ 著／ロート・レープ 絵／松永美穂 訳／西村書店

シリアからドイツに亡命して国民的作家となったラフィク・シャミによるショートショート集です。アラブ人とドイツ人の習慣、言葉の不思議、家族の思い出……木霊や悪魔に不思議な生き物も登場し、現代版アラビアンナイトのように繰り広げられる物語には、短い中に人生がたっぷりと詰まっています。夫人のロート・レープが一つひとつの作品に添えた絵も、物語の世界を深めてくれます。

忙しくて時間がとれない中でもすぐに読めますし、その短い中ではるか遠くに連れて行ってくれます。日常に引き戻されるような要素がないので、心を脅かされることなく、安心して物語の中に浸れます。

（日本読書療法学会では、本書の「本と音楽の会」を開催しました。そのときの様子を、本書にインスピレーションを受けて誕生した植草ひろみさんのオリジナル曲のチェロ演奏とともに下の二次元バーコードからお楽しみいただけます）

生命力が弱くなっていると感じたとき

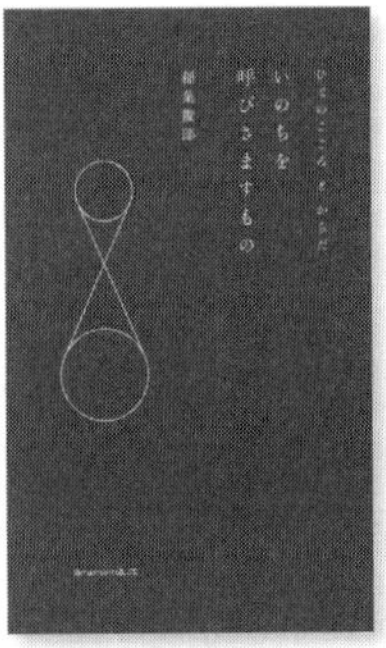

『いのちを呼びさますもの』
稲葉俊郎／アノニマ・スタジオ

弱っているときに必要なのは、特定の栄養素をサプリメントで補給するような、手軽で局所的なことではないはずです。損なわれているのは、もっと大きな、自分自身とのつながりのはず。

医師として、医療を超えて音楽や芸術など異分野との取り組みを広げる著者が考える、心と体のこと。ていねいに読み進めていくことで心や体のこわばりがほどけ、あるべき場所に戻っていくような、一つひとつの細胞に栄養が行き届き、みずみずしく潤うような感覚を覚えることでしょう。

真っ赤な革のような厚みのある紙でできた表紙で、存在としての本の力を感じます。そんなたたずまいも含めて、書名にあるようにまさしくいのちを呼びさましてくれるのです。

人の悪意に疲れたとき

『エミリー』
マイケル・ビダード 文、バーバラ・クーニー 絵／掛川恭子 訳／ほるぷ出版

悪意を感じたときに立ち向かうのではなく、逃げて自分の殻に閉じこもるというのも、身を守るための一つの方法です。とはいえ実生活の中では逃げ場がないこともあります。それなら、この本の中で徹底した引きこもりを追体験しませんか。

本書に登場するエミリーは、町の人たちから「なぞの女性《ひと》」と呼ばれています。20年近くも家の外に出たことがなく、知らない人が来ると、たちまちどこかに隠れてしまいます。モデルとなったのは、実在する詩人のエミリー・ディキンソン。年が経つにつれて隠遁ぶりがひどくなり、本書に描かれるように屋敷の外に出ようとしなかったとか。だけど彼女の死後、机の中に1800編近い詩が隠されているのが発見され、その世界がいかに豊かだったか、世間の知るところとなりました。

本の中で引きこもることで得る安心感も、そんな豊かさにつながっていくはずです。

死の不安にとらわれたとき

『煙が目にしみる』
ケイトリン・ドーティ 著／池田真紀子 訳／国書刊行会

著者は8歳のときに同年代の女の子が転落死する瞬間を目撃し、「死」が頭から離れなくなってしまいます。そんな著者が選んだのは、火葬技師になって死と真正面から向き合うことでした。死体のひげ剃り、エンバーミング、調子のおかしい火葬炉から溢れるマグマのような脂肪……火葬現場からのレポートは生々しくもどこかユーモラス。著者が長年研究してきた世界各地の死の哲学とともに、どっぷりと「死」の世界に浸れます。避けようとしたり見ないふりをしたりするよりも、しっかり見据えることで不安が消えていきます。

こちらもおすすめ

『世界のすごいお葬式』
ケイトリン・ドーティ 著／池田真紀子 訳／新潮社

同じ著者による世界のお葬式のルポは、弔いの概念を一変させます。ミイラ化した死体を掘り起こしてピクニックをする様子などを知ると、死を怖いものとはみなさなくなります。

自分の中に凛としたものが欲しいとき

『落ちぬ椿
──上絵師　律の似面絵帖』
知野みさき／光文社文庫

江戸時代を舞台に、上絵師という職人として独り立ちを目指す主人公の律。副業として似面絵を頼まれるようになり、それがさまざまな事件を解決に導きます。当時は女性が職人を目指すのは難しい時代でしたが、その中でひたむきに成長しようとする律の一途さが印象的です。甘えることなく、節度を守り、一生懸命に生きる。そんな人間の魅力に触れ、温かくもさわやかな読後感に満たされます。

幼馴染との恋を絡めた展開は読者を引っ張りますし、文章も読みやすいので、時代物が苦手な方でも入りやすいでしょう。気に入ったら、シリーズで他の作品も揃っているほか、著者の知野みさきさんの他のシリーズの登場人物にも本書に通じる性質を見出すことができます。

年齢を理由にあきらめてしまいそうなとき

『だってだっての おばあさん』
佐野洋子 作・絵／フレーベル館

猫と暮らしていた98歳のおばあさん。毎日魚釣りに誘われても「だって　わたしは　98だもの」と断ります。ところが99歳の誕生日に、蠟燭が5本しかなかったことから一変。魚釣りに誘われると「あら　そうね！　5さいだから、　さかなつりに　いくわ」とついていくようになったのです。

誰でも年齢を理由に自分にさまざまな枷をはめているものです。こんなことは似合わない、こんなことはしないほうがいい、こんなことはとてもできない、と。意識している場合もあれば、無意識にやってしまっていることもあるでしょう。そしていつの間にか言い訳ばかりしていたり、人生がつまらなくなってしまっていたりするのです。いきいきと楽しげなおばあさんの姿が、そんな枷を外してくれます。

こちらもおすすめ

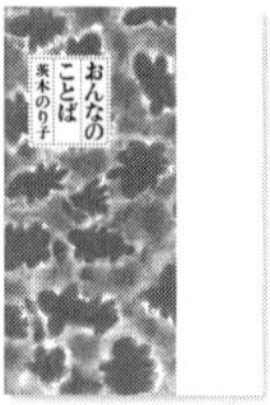

『おんなのことば』
茨木のり子／童話屋の詩文庫

「自分の感受性くらい」という詩の「ぱさぱさに乾いてゆく心を／ひとのせいにはするな／みずから水やりを怠っておいて」「自分の感受性くらい／自分で守れ／ばかものよ」というきびしい一喝が心にしみていきます。

外に出られなくてイライラしてしまうとき

『ことばのかたち』
おーなり由子／講談社

「言葉は心の足音」といわれます。心が乱れると言葉も刺々《とげとげ》しくなり、それを耳にすることで心がさらに乱れる悪循環に……。だけど環境を変えられない中で、すぐに変えられるものの一つが言葉でもあります。

本書は、今の自分の言葉を見つめるきっかけをくれる絵本。話す言葉が目に見えたらどんな形をしているだろうと想像し、描いています。「だれかを傷つけることば」「かなしいことば」「自分をりっぱに見せるためのことば」「やさしい真綿のようなことば」……一つひとつ、形を与えられて描かれるのを見ていくと、自分の使う「ことばのかたち」に思いを馳せられるようになっていくでしょう。明るく豊かな色彩も、華やいだ気分にさせてくれます。

ぎっくり腰のとき

『夜と霧・新版』
ヴィクトール・E・フランクル 著／池田香代子 訳／みすず書房

実際に私がぎっくり腰になったときに読んでいたものです。精神科医でもある著者はユダヤ人としてナチスドイツに連行され、強制収容所でろくに食事もとれない中、過酷な労働を強いられます。飢えや極度の疲労で次々と仲間が亡くなっていきました。

読みながら思ったのは、「この人の耐えたことに比べれば、このぎっくり腰の痛みぐらい耐えしのげるはず」ということ。人間は、自分だけがつらい経験をしていると思うと耐えがたいのですが、他の人も同じようにつらい経験をしていると思うと耐えられるものです。ましてそれが、自分よりもはるかにつらい経験だとしたら……。そういう意味では、強制収容所というのは究極のつらい経験ですし、これ以上に大変な思いをすることはなかなかないものでしょう。そんなフランクルに思いを馳せながら、ぎっくり腰が治るまで耐えてみてはいかがでしょうか。

現実の人間関係がつらいとき

『まるまるの毬《いが》』
西條奈加／講談社文庫

現実の人間関係が自分にとってつらいときに、理想的な人間関係を本の世界の中に持つことは、心を守るために大切です。ぎすぎすしていたり、意地悪だったり。そんな人たちと接して神経がすり減ってしまったら、人が持つまっすぐさや善良さを、本からたっぷり補給してください。

江戸時代の菓子屋「南星屋」を舞台に、この店を切り盛りする家族をめぐる人間模様を描いたこの作品。心根の優しい人たちが、お互いに相手のことを親身に思いやる。その温かな人間関係に触れることで、穏やかな気持ちに戻れます。登場するおいしそうな和菓子の数々も、心をふくらませてくれますよ。

先が見えないと感じるとき

『ネガティブ・ケイパビリティ——答えの出ない事態に耐える力』
帚木蓬生／朝日新聞出版

小説家であり、長年の臨床経験を持つ精神科医でもある著者が大切にしてきたのは「共感すること」。その土台となるのがネガティブ・ケイパビリティ——「どうにも答えの出ない、どうにも対処しようのない事態に耐える能力」です。

人は、わかった気になると安心するものです。問題解決能力が重視されてきた社会ではなおのこと、先が見えない状態が続くと不安になります。わからないことに耐えられず、手っ取り早い解決策に飛びつこうとしてしまうのです。そんなふうに表面的に解決しようとするのではなく、何もできなくても、宙ぶらりんの状態に耐え、とにかくふんばる。持ちこたえていけば、何とかなると信じて。そんな力を身につけることで生きやすくなるのではないでしょうか。

夢に向かう背中を押してほしいとき

『おおきな なみ』
バーバラ・クーニー 作／掛川恭子 訳／
ほるぷ出版

ハティーは、小さい頃から、画家になることを夢見ていました。成長し、引っ越しをし、自分を取り巻く環境も変わっていきますが、彼女の夢は変わることはありませんでした。「わたしは画家になるの」

ある夜、オペラ劇場で若い歌手が身も心も、自分のすべてを吐き出して歌う姿に触れたとき、ハティーにはわかりました。身も心も、自分のすべてを吐き出して、絵を描くときがきたのだと。

長い間温めてきた思いがついに大きな波となって押し寄せるように、ハティーの思いの高まりが胸に迫ってきます。そして彼女が若い歌手に触発されたように、自分もハティーに触発されるのです。今こそ、夢に向かって踏み出すときがきたのだと。

［本書に登場する文献一覧（第8章を除く）］

『ハリー・ポッター』シリーズ（J．K．ローリング 著／松岡佑子 訳／静山社）

『ドラゴン桜』（三田紀房／講談社）

『うつの世界にさよならする100冊の本』（寺田真理子 著／佐藤伝 監修／SBクリエイティブ）

『読書療法』（阪本一郎、室伏武 編著／明治図書出版）

『ガルガンチュア物語』（フランソワ・ラブレー／いくつかの出版社からさまざまな訳者で出版されている）

『コーラン』（さまざまな解説書や日本語訳などがいくつかの出版社から出版されている）

『人間の心』（カール・A．メニンジャー 著／草野栄三良 訳／古沢平作 監修／日本教文社）

『捨てる女』（内澤旬子／朝日文庫）

『診療室にきた赤ずきん——物語療法の世界』（大平健／新潮文庫）

『蓼喰う虫』（谷崎潤一郎／新潮文庫）

『世界の終りとハードボイルド・ワンダーランド』（村上春樹／新潮文庫）
『傷を愛せるか』（宮地尚子／大月書店）
『読む薬』（五十嵐良雄 著／日本読書療法学会 監修／アチーブメント出版）
『人生を変える幸せの腰痛学校』（伊藤かよこ／プレジデント社）
『私は私になっていく』（クリスティーン・ブライデン 著／馬籠久美子、桧垣陽子 訳／クリエイツかもがわ）
『こころのりんしょう à·la·carte 第26巻第1号（№．１０９）』（星和書店）
『いやな気分よ、さようなら』（デビッド・D．バーンズ 著／野村総一郎、夏苅郁子、山岡 功一、小池梨花、佐藤美奈子、林建郎 訳／星和書店）
『フィーリングＧｏｏｄハンドブック』（デビッド・D．バーンズ 著／野村総一郎 監訳／関沢洋一 訳／星和書店）
『精神医療の現実――処方薬依存からの再生の物語』（嶋田和子／萬書房）
『淳』（土師守／新潮文庫）
『未来をつくる図書館』（菅谷明子／岩波新書）

『嵐が丘』（エミリー・ブロンテ／いくつかの出版社からさまざまな訳者で出版されている）

『文学効能事典――あなたの悩みに効く小説』

（エラ・バーサド、スーザン・エルダキン 著／金原瑞人、石田文子 訳／フィルムアート社）

『ムーミン谷の彗星』（トーベ・ヤンソン 著／下村隆一 訳／講談社文庫）

『ムーミン谷の冬』（トーベ・ヤンソン 著／山室静 訳／講談社文庫）

『ムーミンパパ海へいく』（トーベ・ヤンソン 著／小野寺百合子 訳／講談社文庫）

『ムーミン谷の十一月』（トーベ・ヤンソン 著／鈴木徹郎 訳／講談社文庫）

『くじけないで』（柴田トヨ／飛鳥新社）

『ワンダー』（R・J・パラシオ 著／中井はるの 訳／ほるぷ出版）

『読書療法――その基礎と実際』（大神貞男／文教書院）

『家なき娘』（エクトール・マロ／いくつかの出版社からさまざまな訳者で出版されている）

『次郎物語』（下村湖人／いくつかの出版社から出版されている）

『真実一路』（山本有三／新潮文庫）

『破戒』（島崎藤村／いくつかの出版社から出版されている）
『小鹿物語』（マージョリー・キナン ローリングズ／いくつかの出版社からさまざまな訳者で出版されている）
『伊豆の踊子』（川端康成／いくつかの出版社から出版されている）
『スイミー ちいさなかしこいさかなのはなし』（レオ＝レオニ 著／谷川俊太郎 訳／好学社）
『スーホの白い馬』（大塚勇三 再話／赤羽末吉 画／福音館書店）
『心からのごめんなさいへ――一人ひとりの個性に合わせた教育を導入した少年院の挑戦』（品川裕香／中央法規出版）
『刑務所図書館の人びと』（アヴィ・スタインバーグ 著／金原瑞人、野沢佳織 訳／柏書房）
『プリズン・ブック・クラブ』（アン・ウォームズリー 著／向井和美 訳／紀伊國屋書店）
『刑務所の読書クラブ』（ミキータ・ブロットマン 著／川添節子 訳／原書房）
『奇妙な死刑囚』（アンソニー・レイ・ヒントン 著／ブライアン・スティーブンソン 序文／栗木さつき 訳／海と月社）
『図書館ホスピタル』（三萩せんや／河出書房新社）

『お探し物は図書室まで』（青山美智子／ポプラ社）
『奔放な読書――本嫌いのための新読書術』（ダニエル・ペナック 著／浜名優美、木村宣子、浜名エレーヌ 訳／藤原書店）
『心と響き合う読書案内』（小川洋子／ＰＨＰ新書）
『ピアノの森』（一色まこと／講談社）
『古今黄金譚』（林望／平凡社新書）
『ミニチュア作家』（ジェシー・バートン 著／青木純子 訳／早川書房）
『チューダー王朝弁護士シャードレイク』シリーズ（Ｃ・Ｊ・サンソム 著／越前敏弥 訳／集英社文庫）
『人生論としての読書論』（森信三／致知出版社）
『パパは楽しい躁うつ病』（北杜夫、斎藤由香／新潮文庫）
『新・装幀談義』（菊地信義／白水社）
『白い花と鳥たちの祈り』（河原千恵子／集英社）
『人外』（松浦寿輝／講談社）

『羊と鋼の森』（宮下奈都／文春文庫）
『ピアノのムシ』（荒川三喜夫／芳文社）
『ピアノ調律師』（M・B・ゴフスタイン 著／末盛千枝子 訳／現代企画室）
『パリ左岸のピアノ工房』（T．E．カーハート 著／村松潔 訳／新潮社）
『ピアニストは語る』（ヴァレリー・アファナシエフ／講談社現代新書）
『ピアニストの脳を科学する――超絶技巧のメカニズム』（古屋晋一／春秋社）
『夢学（ユメオロジー）』（パトリシア・ガーフィールド 著／花野秀男 訳／白揚社）
『楽園のカンヴァス』（原田マハ／新潮文庫）
『翻訳者による海外文学ブックガイド BOOKMARK』
（金原瑞人、三辺律子 編／CCCメディアハウス）
『草子ブックガイド』（玉川重機／講談社）
『山家集』（西行／さまざまな解説書や現代語訳などがいくつかの出版社から出版されている）
『絶望に効くブックカフェ』（河合香織／小学館文庫）

『副作用あります!?　人生おたすけ処方本』（三宅香帆／幻冬舎）
『絵本処方箋』（落合恵子／朝日文庫）
『スリップの技法』（久禮亮太／苦楽堂）
『本を売る技術』（矢部潤子／本の雑誌社）
『ソース』（マイク・マクマナス 著／ヒューイ陽子 訳／ヴォイス）
『「原因」と「結果」の法則』（ジェームズ・アレン 著／坂本貢一 訳／サンマーク出版）
『グッドラック』（アレックス・ロビラ、フェルナンド・トリアス・デ・ベス 著／田内志文 訳／ポプラ社）
『【増補改訂版】〈からだ〉の声を聞きなさい――あなたの中のスピリチュアルな友人』（リズ・ブルボー 著／浅岡夢二 訳／ハート出版）
『百歳で説く「般若心経」』（松原泰道／アートデイズ）
『楽しく生きる仏教』（松原泰道／水書坊）
『他力』（五木寛之／幻冬舎文庫）
『法句経』（さまざまな解説書や現代語訳などがいくつかの出版社から出版されている）

『掌の小説』（川端康成／新潮文庫）
『ぼくのなかの黒い犬』（マシュー・ジョンストン 作・絵／岡本由香子 訳／メディア総合研究所）
『本の読み方　スロー・リーディングの実践』（平野啓一郎／ＰＨＰ新書）
『法の精神』（モンテスキュー／いくつかの出版社からさまざまな訳者で出版されている）
『小説の読み書き』（佐藤正午／岩波新書）
『切りとれ、あの祈る手を』（佐々木中／河出書房新社）
『わたしとあそんで』（マリー・ホール・エッツ 文・絵／よだじゅんいち 訳／福音館書店）
『痕跡本のすすめ』（古沢和宏／太田出版）
『多読術』（松岡正剛／ちくまプリマー新書）

［その他の参考文献］

"USING BOOKS IN CLINICAL SOCIAL WORK PRACTICE" Jean T. Pardeck, Routledge
"Bibliotherapy-THE GIRL'S GUIDE to BOOKS for EVERY PHASE of OUR LIVES" Beverly West, Nancy Peske, Dell
『読書療法から読みあいへ――「場」としての絵本』（村中李衣／教育出版）
『お年寄りと絵本を読みあう』（村中李衣／ぶどう社）
『絵本の読みあいからみえてくるもの』（村中李衣／ぶどう社）
『矯正教育の方法と展開――現場からの実践理論』（財団法人矯正協会／矯正協会）
『だから人は本を読む』（福原義春／東洋経済新報社）
『人生に大切なことはすべて絵本から教わった』（末盛千枝子／現代企画室）
『夢は書物にあり』（出久根達郎／平凡社）
『薬石としての本たち』（南木佳士／文藝春秋）

『それでも、読書をやめない理由』（デヴィッド・L・ユーリン 著／井上里 訳／柏書房）
『神経内科医の文学診断』（岩田誠／白水社）
『プルーストとイカ――読書は脳をどのように変えるのか？』（メアリアン・ウルフ 著／小松淳子 訳／インターシフト）
『脳を創る読書』（酒井邦嘉／実業之日本社）
『奇跡の脳――脳科学者の脳が壊れたとき』（ジル・ボルト・テイラー 著／竹内薫 訳／新潮文庫）
『二重洗脳――依存症の謎を解く』（磯村毅／東洋経済新報社）
『図解でわかる依存症のカラクリ』（磯村毅／秀和システム）
『リセット禁煙のすすめ』（磯村毅／東京六法出版）
『激励禁忌神話の終焉』（井原裕／日本評論社）
『人生の踏絵』（遠藤周作／新潮文庫）
『悲しみの秘義』（若松英輔／文春文庫）
『清川妙 91歳の人生塾』（清川妙／小学館）

『世界の不思議な図書館』（アレックス・ジョンソン 著／北川玲 訳／創元社）
『みんな、絵本から』（柳田邦男 著／石井麻木 写真／講談社）
『絵本を愉しむ――自分のことが好きになる』（笹倉剛／あいり出版）
『絵本はこころの処方箋』（岡田達信／瑞雲社）
『絵本はこころの架け橋』（岡田達信／瑞雲社）
『僕は、字が読めない。――読字障害と戦いつづけた南雲明彦の24年』
（小菅宏／集英社インターナショナル）
『怠けてなんかない！　ディスレクシア
――読む・書く・記憶するのが困難なLDの子どもたち。』（品川裕香／岩崎書店）
『ディスレクシア　読み書きのLD――親と専門家のためのガイド』
（マーガレット・J・スノウリング 著／加藤醇子、宇野彰 監訳／紅葉誠一 訳／東京書籍）
『すべての子どもに本との出会いを
――児童自立支援施設・児童相談所・矯正施設への読書活動の支援』
（正井さゆり 著／広島県立図書館 監修／溪水社）

『あふれでたのはやさしさだった』（寮美千子／西日本出版社）
『空が青いから白をえらんだのです——奈良少年刑務所詩集』（寮美千子 編／新潮文庫）
『人生を変える読書——無期懲役囚の心を揺さぶった42冊』（美達大和／廣済堂新書）
『出会い系サイトで70人と実際に会ってその人に合いそうな本をすすめまくった1年間のこと』（花田菜々子／河出文庫）
『Shrink シュリンク——精神科医ヨワイ』（七海仁 原作／月子 漫画／集英社）
『ナチ 本の略奪』（アンデシュ・リデル 著／北條文緒、小林祐子 訳／国書刊行会）
『書物の破壊の世界史——シュメールの粘土板からデジタル時代まで』（フェルナンド・バエス 著／八重樫克彦、八重樫由貴子 訳／紀伊國屋書店）

心と体がラクになる読書セラピー

発行日　2021年 4 月25日　第 1 刷
2021年12月 5 日　第 2 刷

Author　寺田真理子

Illustrator　谷山彩子
Book Designer　轡田昭彦＋坪井朋子

Publication　株式会社ディスカヴァー・トゥエンティワン
〒102-0093　東京都千代田区平河町2-16-1　平河町森タワー 11F
TEL 03-3237-8321（代表）　03-3237-8345（営業）
FAX 03-3237-8323
https://d21.co.jp/

Publisher　谷口奈緒美
Editor　元木優子

Store Sales Company　安永智洋　伊東佑真　榊原僚　佐藤昌幸　古矢薫　青木翔平　青木涼馬
井筒浩　小田木もも　越智佳南子　小山怜那　川本寛子　佐竹祐哉
佐藤淳基　佐々木玲奈　副島杏南　高橋雛乃　滝口景太郎　竹内大貴
辰巳佳衣　津野主揮　野村美空　羽地夕夏　廣内悠理　松ノ下直輝
宮田有利子　山中麻吏　井澤徳子　石橋佐知子　伊藤香　葛目美枝子
鈴木洋子　畑野衣見　藤井かおり　藤井多穂子　町田加奈子

EPublishing Company　三輪真也　小田孝文　飯田智樹　川島理　中島俊平　松原史与志
磯部隆　大崎双葉　岡本雄太郎　越野志絵良　斎藤悠人　庄司知世
中西花　西川なつか　野﨑竜海　野中保奈美　三角真穂　八木眸
高原未来子　中澤泰宏　伊藤由美　俵敬子

Product Company　大山聡子　大竹朝子　小関勝則　千葉正幸　原典宏　藤田浩芳
榎本明日香　倉田華　志摩麻衣　舘瑞恵　橋本莉奈　牧野類　三谷祐一
元木優子　安永姫菜　渡辺基志　小石亜季

Business Solution Company　蛯原昇　早水真吾　志摩晃司　野村美紀　林秀樹　南健一　村尾純司

Corporate Design Group　森谷真一　大星多聞　堀部直人　井上竜之介　王廳　奥田千晶
佐藤サラ圭　杉田彰子　田中亜紀　福永友紀　山田諭志　池田望
石光まゆ子　齋藤朋子　福田章平　丸山香織　宮崎陽子　阿知波淳平
伊藤花笑　伊藤沙恵　岩城萌花　岩淵瞭　内堀瑞穂　遠藤文香　王玮祎
大野真里菜　大場美範　小田日和　加藤沙葵　金子瑞実　河北美汐
吉川由莉　菊地美恵　工藤奈津子　黒野有花　小林雅治　坂上めぐみ
佐瀬遥香　鈴木あさひ　関紗也乃　高田彩菜　瀧山響子　田澤愛実
田中真悠　田山礼真　玉井里奈　鶴岡蒼也　道玄萌　富永啓　中島魁星
永田健太　夏山千穂　原千晶　平池輝　日吉理咲　星明里　峯岸美有
森脇隆登

Proofreader　文字工房燦光
DTP　轡田昭彦＋坪井朋子
Printing　大日本印刷株式会社

・定価はカバーに表示してあります。本書の無断転載・複写は、著作権法上での例外を除き禁じられています。インターネット、モバイル等の電子メディアにおける無断転載ならびに第三者によるスキャンやデジタル化もこれに準じます。
・乱丁・落丁本はお取り替えいたしますので、小社「不良品交換係」まで着払いにてお送りください。
・本書へのご意見ご感想は下記からご送信いただけます。
https://d21.co.jp/inquiry/

ISBN978-4-7993-2730-2

©Mariko TERADA, 2021, Printed in Japan.

Discover

人と組織の可能性を拓く
ディスカヴァー・トゥエンティワンからのご案内

本書のご感想をいただいた方に
うれしい特典をお届けします！

特典内容の確認・ご応募はこちらから

https://d21.co.jp/news/event/book-voice/

最後までお読みいただき、ありがとうございます。
本書を通して、何か発見はありましたか？
ぜひ、感想をお聞かせください。

いただいた感想は、著者と編集者が拝読します。

また、ご感想をくださった方には、お得な特典をお届けします。